天与人

—— 儒学走向世界的前瞻

杜维明 范曾 对话

北京大学出版社

总策划
薛晓源　万俊人

项目总监
高秀芹

篆刻
王玉忠

责任编辑
梁　勇

设计指导
海　洋

整体设计
锦绣东方
jxdf2008@yahoo.com.cn

《中华文明大讲堂》系列丛书编委会

总 策 划　蔡赴朝
出 品 人　王晓东
总 监 制　赵多佳　张　强
监　　制　陈大立　杨　东　潘全心　齐建彤　张　宾
顾　　问　张　恒　史椰森　陈　晔　高　镐
艺术指导　杜　军
策　　划　孙　阳　左世和　朱　兰　董振华　王林辉
　　　　　卢树宽　肖　河　王　涛
主　　编　于　瀛　史爱东
编　　审　杨　播　邢亚平　兰　巧　秦新春　尚　宁
　　　　　孙湘源
编　　委　高国华　俞　恺　邢伟力　琳　平　郑　蓉
　　　　　王丹英　陈小健　王　悦　宗　昊　赵亚波
　　　　　李天莉　龚　宁　罗丽红　丁　军　韩娟娟
　　　　　周　红　杨文华　何　蔚　黄　晋　宁文茹
　　　　　马英男　韩　烜　匡　葵　程　军　陈嘉超
　　　　　殷　亮　覃　刚　唐冬梅　许　延　李　伟
编　　辑　商　鹏　孙喜斌　韩　靖　钱　嵩　韩　飞
　　　　　王　寅　张富成　王　晓　侯　蕾　李京京
　　　　　王　欣　张萌萌　段　言　王　冰　张海涛
　　　　　周　颖　范程明　朱小林　贾　珺　谢大威
　　　　　刘丹丹　王梦羽　肖宏耀　邓　乐

杜维明 哈佛大学博士,世界十多所大学的荣誉博士,哈佛大学教授、燕京学社社长,北京大学高等人文研究院院长,在儒学研究领域的贡献,为世人所瞩目。

范 曾 著名书画家,中国艺术研究院博士生导师,南开大学终身教授。论画,熔山水花鸟人物于一炉,集诗、书、画三绝于一身。身为联合国教科文组织"多元文化特别顾问",著有百余种著作,表现着东方文化的神采和梦想。

一场睿智的思想对话（代序）

周其凤（北京大学校长）

尊敬的杜先生、范先生、老师们、同学们、朋友们：

今天我们非常高兴地邀请到杜维明先生和范曾先生两位知名学者为我们带来一场深刻而又别开生面的思想对话。我代表北京大学，向两位先生表示诚挚的敬意和衷心的感谢。同时，也感谢北京电视台对这次对话

北京大学校长周其凤院士

的关注与支持；感谢各位专家朋友和老师们、同学们的积极参与。

杜维明先生是当代研究和传播儒家文化的重要思想家。他1940年出生于昆明，先后求学于台湾东海大学和美国哈佛大学，任教于普林斯顿大学、伯克利加州大学。自1981年，杜维明先生一直在哈佛大学东亚系担任历史及哲学教授，其间获选美国人文社会科学院院士，还曾担任哈佛燕京学社社长。长期以来，杜维明先生致力于儒学第三期发展、诠释中国文化、反思现代精神、倡导文明对话，在海内外享有很高的学术声誉。杜先生非常热心中国优秀传统文化在本土的传播，多次回国参加教育和学术交流活动。他与北京大学有着特殊的缘分，早在1985年就来北京大学讲授儒家哲学。最近杜维明先生已正式受聘为北京大学高等人文研究院院长。

范曾先生是当代中国著名国画家、书法家、文学家。他1938年出生于江苏南通诗文世家。青年时期就读于南开大学和中央美术学院，曾在中国历史博物馆工作，后任教于中央工艺美术学院。1984年，范曾先生担任南开大学东方艺术系教授、主任。目前，他是南开大学终身教授、中国艺术研究院研究员、联合国教科文组织多元文化特别顾问。范曾先生凭借深厚的国学基础和对中国文化的独特理解，在当代中国画坛独树一帜，具有重要地位和影响。同时，他在书法、诗词、文史哲等领域也取得了许多成就。季羡林先生就曾对他的艺术创作的学术性和思想性给予了高度评价。

从今天开始，杜维明先生和范曾先生将在北京大学进行几次持续、深入、公开的思想对话，并通过北京电视台向社会转播，这将是一次极为有意义的学术文化盛举。我们知道，在人类思想史上，对话是一种非常重

要的形式和载体。纵观中外典籍，很多重要著作都是对话体例，如中国的《论语》、《孟子》，西方的《理想国》，庄子与惠施的"濠上之辩"，朱熹与陆九渊的"鹅湖之会"，苏格拉底的对话录，都为我们留下了一段段千古佳话和深刻启示。思想对话之所以能有如此魅力，或许是因为它是一种持续的互动，能够最大限度地彰显思维的深度和张力。对话不仅是各方思想的展示和论证，更是在交流和诘问中发现真理、创造思想的过程。特别是在当今时代，思想文化的交流、交融、交锋越来越频繁，我们尤其需要提倡平等、自由、理性、平和、开放的学术对话。通过内容广泛、形式多样的对话，求同存异、增进和谐、融会贯通、启发新知。

北京大学是我国近现代建立的第一所国立综合性大学。一百多年来，北京大学始终坚持只有学术上的发展，才值得作大学的纪念；只有坚持"思想自由、兼容并蓄"的原则，才能促进学术的发展；只有把学术的发展与时代、国家、社会的发展紧密结合起来，才能体现学术的意义、实现学术的价值。基于这些理念，北京大学不断组织各种形式的思想对话，致力于以思想的解放、交流、传承、创造推动国家的发展和文明的进步。今年去世的季羡林先生，曾同日本的池田大作先生进行了长达七年的交流，畅谈东方智慧，并将内容结集出版、公之于众。费孝通先生晚年也大力提倡在文化自觉基础上，积极推进文化对话。上个月，在北京大学举办的第六届北京论坛上，杜维明先生与纳瑟、卡赞斯坦等三位学者围绕"对二十一世纪人类困境的回应"这一主题，举行了一场儒家、伊斯兰和基督教文明的精彩对话，产生了热烈的反响。相信今天杜维明先生与范曾先生的对话一定能为北京大学增添一段新的佳话。

今天对话的主题是:"天与人——儒学走向世界的前瞻",这是一个非常有意义的话题。中华文化是人类文明史上连续性最好的悠久智慧,在新的时代条件下,安顿人心、滋润生命、崇理尚德、乐感教化、促进交往、协和万邦的中华文化,比以往任何时候都显得更加宝贵。传承好、发展好中华优秀传统文化,使之与当代文化相适应,与现代社会相协调,为人类文明和谐发展贡献更多的智慧、更大的力量,是我们炎黄子孙义不容辞的文化使命。我们热忱地期待两位先生就这一话题进行深入的探讨,进一步启迪和拓展我们的思想。再次向两位先生致以诚挚敬意和衷心感谢。预祝本次对话圆满成功,谢谢!

目 录

一场睿智的思想对话（代序）／周其凤

第一次对话："天人合一"的价值追求

一、东西方先哲论天与人　4

二、知行合一：关于哥本哈根世界气候大会的评判　12

三、心学时代的来临　18

四、天理与人欲　30

　　学术互动　43

　　　楼宇烈提问：儒学为什么如此敬天、畏天

　　　万俊人提问：在世俗主义泛滥的今天，儒学能够贡献什么

　　　陈　洪提问：天和人的话题和权力架构的殊异

　　　王　博提问：关于儒学走向中国的思考

　　　周建忠提问：儒学关于天与人之间关系的现实关照

范曾　杜维明先生回答

第二次对话：阳明"心学"与儒学的未来

一、王阳明心学"为己之学"的大愿："人能弘道"　82
二、儒学走向世界的前瞻　97

　　学术互动　105
　　陈　来提问：阳明先生在生死的考验与道德主体觉悟的关系
　　王春华提问：如何让中国的儒学走向世界
　　刘　波提问：如何辨析熊十力先生与马一浮先生的新儒家思想
　　杜维明　范曾先生回答

第三次对话：中国儒学的魅力与影响

一、中国儒学文本之美　128
二、儒家气象的言传与身教　133
三、"五四"与中国传统文化　148
四、关于重礼主敬　156

　　学术互动　167
　　董　强提问：儒家对女性的评价是否妥当
　　夏学銮提问：儒学能否承担挽救人类精神颓废的使命

陈　来提问：请范曾先生谈谈创作这幅孔子像的思想历程和内心感受

赵　均提问：如何辨析儒学与西方在核心价值观的差异与共同性

范曾　杜维明先生回答

编后记：学人相聚，如坐春风／薛晓源　　201

·第一次对话·

"天人合一"的价值追求

主持人：各位来宾、观众朋友们，大家下午好。这里是中华文明大讲堂，今天，我们移师人文气息浓厚的北京大学，在百周年纪念讲堂里录制我们这一期特别节目。其实对于我们中国人来说，儒家文化并不陌生，甚至已经深入到我们的日常生活当中，也成为很多人为人处世的准则。那今天呢，我们非常荣幸地请到了两位海内外知名的学者，一位是北京大学同时也是哈佛大学的教授杜维明先生；还有一位是著名的国画家、书法家、诗人范曾先生。今天两位将给我们带来主题为"天与人"的精彩对话。我们也同样荣幸地请到了北京大学的校长周其凤先生，还有清华大学和北京大学多位知名的专家学者，他们会在现场共同参与这个对话。同时，现场还有北京大学中文、历史、哲学等系的同学们。同学们也会有机会在这里和我们的嘉宾进行交流。那现在呢，我们再一次用热烈的掌声请上杜维明先生和范曾先生。请坐，两位。我觉得今天这个场合可能有几句话可以形容，就是良辰美景、赏心乐事，还有贤主人和贵宾客。那接下来，我们就把时间交给两位先生，请。

主持人姜华

一、 东西方先哲论天与人

范　曾：本来是应该杜先生先讲，杜先生特别客气。我看到杜先生最近在《社会科学报》发表了一篇文章，指出我们已走向了一个"心学"的时代。这篇文章，我看了以后，非常感动。既有知己之感，同时又对我有所启发，有茅塞顿开之意。因为他所讲到的一切，都是我非常赞同而且愿意和杜先生交谈的。今天这个标题"天与人"，北大印了一个请帖（车证），上面写了个"天与地"。我说天与地只谈了一半啊，天地就是天啊，他说这个是印错了。如果谈天与地的话应该是另一个问题，这可能要谈生态平衡，等等。天与人，主要谈人类的心灵问题。

所谓"天"，我想，是否可以讲就是宇宙。什么是宇宙，"宇宙"这个词，最早可能出现在庄子的《齐物论》、《让王》、《列御寇》这些文章里。宇宙这个"宇"是什么呢，是横无际涯的、大不可方的空间；"宙"是什么呢，是无尽无休、永无尽期的时间。东方和西方的哲人们、诗人们对着苍天都会发出问题，这到底是怎么回事？他是一个先

范曾先生

知者么？他是一个全能者吧？我有什么困惑可以问他么？连苏东坡"明月几时有，把酒问青天"，还得问问它。李太白比苏东坡谈得透一点，他说："夫天地者，万物之逆旅；光阴者，百代之过客。而浮生若梦，为欢几何？古人秉烛夜游，良有以也。"他比苏东坡谈得透彻一些。天地呀原来是人们的一个旅馆，我们谁非这个旅馆里万类中的一类啊？"光阴者，百代之过客"，光阴是一度性的，他过去了，我们生命应该及时行乐。这是李白的想法，这是诗人的判断，哲学家的判断可不是这样。

哲学家的判断则是另一回事。宇宙万有，日月随旋，银河迢遥，星辰转动，它有没有理啊？它有没有理念在里面？柏拉图就提出来了，用人类不朽的生命对永恒理念的回忆，需要方法：逻辑。他自己没有完成，可他的弟子亚里士多德完成了。亚里士多德完成了形而上学，同时研究物理学，他说我不太同意吾师之言论。所谓"吾爱吾师，吾更爱真理"，这是亚里士多德之名言。从公元前3世纪的亚里士多德，到公元18世纪的康德。老实说，谈西方哲学，在杜维明先生面前，这叫班门弄斧。我仅仅是看到邓晓芒先生所翻译的康德的《实践理性批判》、《纯粹理性批判》和《判断力批判》。这三批判书比较难看，实在是一本不容易看完的书。可是我知道这方面的欠缺，整整看了一年半，花掉八百个钟头。我每天早上五点钟起来，画画成了我的业余了。每天看两个钟头从哪来的呢？我想今天清华大学国学院院长也来了，这个习惯来自王国维，他说我每天必须保证两个钟头看书，这是绝不能动摇的。我最早看康德的翻译是看王国维的，尼采的书也是王国维最早翻译的。当然，王国维的文采非常好。我想他翻译的文言的确切性，比不上北大的贺麟教授和我的姑父王玖兴翻译的《小逻辑》，或者像邓晓芒翻译康德的三批判书。可是他有他的诗

康德

人的判断，文采非常之好。

从柏拉图到康德两千多年，这个时间和空间的问题，康德还在研究。可是，康德是个非常了不起的哲学巨人，他对时间和空间的分析，得做一个辩论，甲方和乙方都是康德。这个书啊从中间分开，甲方如此说，乙方如彼说，都是哲学上的充足理由律。两方辩论，一方说时间有开始，一方说时间没有开始；一方说宇宙有边缘，一方说宇宙没有边缘。最后康德未就这个问题做出一个确切的判断，因为当时还没有宇宙大爆炸的学说。可是在康德的思想里，凡是推演的都可以称为是一种理性；凡是经验的都可以称为一个知性，这一点他讲得非常确切。那么，对于"天"的本质，他在对莱布尼茨的批评里提到。当然莱布尼茨和他不生活在同一时代，莱布尼茨是17世纪德国一个最伟大的数学家，他和英国的牛顿差不多同时发现微积分。莱布尼茨说，一定有"绝对必然"，绝对必然有一个绝对的存在者，他以必然的方式存在着，他是一个最高的存在者，这无疑就是指上帝。

康德以为上帝的存有是无法证明的。他在这个时候提出了一个合目的性。他这个合目的性，如果讲，理性给人们以恩惠，给人们以好处的话，就是我们根据理性，可以寻找到一个能够统摄万物的目的性。这个目的性可以起一种调节性的作用，调节性地使用它，而不可以作为结构性地使用它。他这个讲得非常好，他不是像莱布尼茨讲的那么肯定，有个"绝对的必然"。我想，康德这个没有"绝对的必然"还将持续下去。——康德以为寻找"一切物的最后承担者……对人类理性来说是一个真正的深渊"。

对天的了解，我想中国古哲有中国古哲的了解。刚才讲的诗人判断都无足轻重，因为诗人不能代替我们思想。那么老子讲天，"有物混成，先天地生，寂兮寥兮，独立不改，周行而不殆，可以为天地母。吾不知其名，强字之曰道，强为之名曰大"。这个"道"和"大"，就是天的字和名。"大"是它的名，"道"是它的字，他还不是讲得非常确切，是勉强地能给它这样一个称呼。老子不是直观的判断，而是感悟的判断；不是逻辑推演的，而是感悟归纳的。而且他不太赞成直观，因为老子讲过："其出弥远，其知弥少。"你见的多了，可是你知道的越来越少。这是老子对天的一个混沌的解释。"混沌"这两个字，大家不要以为我诽谤他，能做到"混沌"是很不容易的。我的先外祖父缪篆先生，当时在厦门大学，在林语堂的文学院。他著了一本书，叫作《老子古微》。他说这个"大"中间的一横呢，是个天；加一个负阴抱阳的人呢，这就是"大"。"天"和"人"结合，乃是个根本的"道"。这个因为我的外祖父当时在厦门大学做教授，很有名，他是章太炎的学生。他的言说很有意思，因为这个"一"在中国古文可以讲是个天，与负阴抱阳的人结合起来是个"大"，这就是老子哲学上的"强

《王阳明先生造像》（范曾绘）

为之名曰大"，勉强地告诉人们对宇宙本体可名之曰"大"。

我想中国的哲学从老子到王阳明大概两千年，两千年中，王阳明在中国的儒学思想中是个了不起的巨星，是个划时代的、里程碑式的人物。我记得雷海宗先生在他的一个集子《伯伦集》里提到，他说王阳明是五百年来中国最伟大的思想家。我想可以和王阳明比权量力的西方哲学家不是黑格尔，不是杜林，而是康德。我很注意地阅读杜先生的文章，杜先生在《走向心学时代》这篇文章中提到，康德的思想在19世纪到20世纪，人类对他的思想没有很好的发展，或者出了问题，大概意思是这样。我想，杜维明先生会对这个问题给我们很多的启发。我想讲话短一点好，杜先生您讲吧！

杜维明：范先生讲的非常全面，他对"天"的理解很深入，特别是对康德哲学花那么大的功夫，每天两个小时，坚持一年半，这个太不容易了。

我只能够从我自身的理解，提出一些看法。范先生讲的西方哲学多一点，我则从中国哲学，特别是儒家哲学提一些比较粗浅的意见。

季羡林先生曾提到"天"的问题是自然的问题，就是自然的大化。这个看法我可以接受，不过我觉得，除了"自然"以外，天还有更深的含义。但这个更深的含义大概不能够完全从感性，也不能够完全从知性、乃至理性的分析来理解，因为它还有悟性的一面。孔子和天的关系，一般说是一种默契，"天何言哉，四时行焉，百物生焉"。孔子对"天"有一种敬畏感，这句话有一种"事天"的涵义。儒家传统可以说有很深厚的宗教性，但是我们对宗教可能有所误解，宗教其实都有很深的精神性。如果从比较文化来看，西方有两个大传统，一个是希腊传统，另一个是希伯来传统。希腊传统开辟了它的哲学，哲学的发展从柏拉图、亚里士多德，到康德、黑格尔，一直到分析哲学；加上犹太教所代表的希伯来传统，这一传统后来发展成基督教、乃至伊斯兰教。所以在西方，哲学的

杜维明先生

发展和宗教的发展是分开的。刚才您提到关于中国的问题，不管从哲学来理解，还是从宗教来理解，都有很多重合点。其实古代印度的哲学，古代的埃及哲学（当然我们了解埃及的哲学很有限），乃至中国的道家、儒家，把宗教和哲学明确分成两种传统的现象，很难找到明显的证据。所以我们说佛教既是宗教又是哲学，既不是宗教又不是哲学，儒家也有这一面。

从这个分别来看，到底儒家关于"天"怎么去理解，便是一个值得思索的问题。有的时候换一个角度可以看出我们的特色，譬如说和犹太教做一个比较。犹太教有个传统到基督教发挥得更突出了，就是天是无所不在、无所不知、无所不能的。天就是西方所谓的上帝。在中国，我觉得天是无所不知、无所不在，到底是不是无所不能，值得我们进一步考虑。在西方说无所不能，就出现了一个难题。这个难题就是：假如天是无所不能，而上帝也爱世人，那么为什么人间出现了那么多悲剧，比如说纳粹悲剧，难道上帝隐退了么？难道上帝对这个问题不再关注了么？难道上帝的"博爱"不在这个特殊的时空里面体现了么？中国的传统对于这个问题，我觉得可以说既有非常理性的态度，也有悟性的一面。在很早的传统里就有"天生人成"的观念，就是"天"有无限的创造力，但是这个无限的创造力是要通过人的努力来完成的。从基督教的教义来看，这是完全不能理解的。孔子说："人能弘道，非道弘人。"是不是说，人能够使上帝伟大，而上帝不能使人伟大；人能够使"天"和"道"弘大，而"天"和"道"不会使人弘大呢？其实，我想孔子说的是一种非常深刻的责任感。也就是说，人必须参与到天的无限的创造过程中，才能为人开辟出一个新天地。人的活动本身就是天地造化的一部分。从这个角度来理解"天生人成",我们就可以重新思考"人是什么"的问题。我想可以从三个层次来看。首先人是一个观察者,在《易经》里有"观"这一卦,"观察"就是人对世界的洞见。同时,人也是一个欣赏者。您作为艺术家,您对大自然的欣赏,我认为您有一种体知,体验之知,欣赏还不仅是像我们用眼睛来看,您用手、用您的身体能够把您所欣赏的大自然体现出来,所以是一个欣赏者。另外呢,在《中庸》里面提到,人还是一个参与者,参与到天地化育的过程。比如说,"唯天下至诚,为能尽其性",你能尽己之性,就能"尽人之性";能够"尽人之性",就能够"尽物之性";能够"尽物之性"呢,就能够"赞天地之化育",这里已经提到"天、地、人"了;那么能够"赞天地之化育"呢,"则可以与天地参矣"。如果是这样,那人就是一个不折不扣的参与者。这一点在西方的神学界引起了很多的争议,甚至有些反感。再进一步说,人也是一个共同的创造者。天的创造是无穷大的、无限的创造,而人也是一个创造者,而且是有很大的能量的创造者。举一个简单的例子,像"大禹治水",大禹动员了无数人的力量,以他的牺牲精神,以他的勇气,以他的经验知识来了解地理地貌,通过了长期的努力,甚至十三年不回家,才逐渐把洪水疏通了,以后还可以灌溉良田,可见人的能量非常大。像我们最近也常常提到"愚公移山"吧,我不太喜欢"愚公移山"的寓言,因为是否需要花那么多时间来移山可以进一步讨论,但它也体现了人的巨大能量。人的能量大,意味着他的破坏力也大;了解到人的破坏力的一面,那么面对我们现在所碰到的生态问题,我想我们可以有一个深层的反思。所以说,"天"在中国传统是无所不知、无所不在，但不一定是无所不能，和上帝是"无所不知、无所不在又无所不能"有不同。

我不知道范先生对这样子的看法是不是表示同意。

二、知行合一：关于哥本哈根世界气候大会的评判

范　曾：讲得太好了！我非常非常欣赏杜先生刚才的这段话。因为一个中国古代哲学家在思考问题的时候，他离不开人。你比如讲孔子、孟子，他都是以人为本的思想。《论语》有"厩焚，子退朝曰，伤人乎，不问马"。那就是讲，他对人的关切是第一位的。孟子生活在战国之世，孔子生活在春秋之世，这都是战乱频仍的时代。你想，孟子为什么要在当时提出人的"良知"、"良能"，不学而能的是良能，不虑而知的是良知。而且要提出一个"根本善"，他就是为了能参与这个天地变化，就是刚才杜先生讲的，人是有主动能力参加天地化育的，人本身必须是个善的因素，而决不要是个恶的因素。

这个问题，我想非常重要。因为我看上个世纪60年代，英国历史学家汤因比写的《历史研究》，他提到人类会遇到十个大的危机，第一个危机是原子弹，然后谈到空气的污染，然后谈到天上会出问题，天上的问题根源在地下，也就是在人的为非作歹。还有消费，欲望的膨胀。汤因比可说是一个预言家，我曾看到您和日本朋友池田大作的交谈，里面提到，汤因比当时讲，如果就我个人的愿望而言，我愿变成一只印度的鸟，如果必须变成人的话，我愿意变成中国人。这段话非常有意味，我就问为什么？后来我想到，因为印度有释迦牟

汤因比

尼,中国有孔、孟。释迦牟尼主张六道众生一律平等,天、菩萨、人、修罗、饿鬼、畜生六道众生一律平等,六道众生皆有佛性,悟则成佛,迷则为众生。我做只鸟一样地很自由、很快乐。在中国呢,如果讲必须做个人的话,那人的教化是非常重要的。但我想他愿意做个人,绝对不是做一个中国的霸主,或者中国的一个穷凶极恶的人,而是做中国的能够按照儒家的思维去知和行的人。

汤因比的讲话有深刻的意思。谈到人对此自然的参与,我可以这样给诸位讲,截至目前为止,天体物理学所能看到的任何一个星球,上面还没有生命的迹象。而地球上生命这么多,万类繁衍。而万类繁衍之中,又有一个有智有慧有灵的人,这是个多么幸福、多么了不起的事。我们应该以多么挚烈的热爱对待这样一个星球,这个星球我们能够糟蹋它么?糟蹋它是罪大恶极。我们知道,天的存在,"寂兮寥兮",非常宁静。老子哲学讲,"静为躁君",静要制服烦躁。人类现在实在太烦躁,我们今天之所以要和杜先生做这个讲座,就是能使烦躁的人群多一点宁静,我想当人们心如止水的时候,很多道理会自然明白,不知道杜先生怎样看?

杜维明：范先生刚刚提到地球，我想在大概是在1968年，人类第一次用肉眼，通过太空人，看到了地球的全貌。这在我们之前是不可能的。再后来，我们越来越了解到地球的矿物、生物、植物、水源、土壤，乃至空气，都很容易受到伤害，而且也意识到地球是我们唯一的家。即使我们将来发现有水的星球，但要让这个星球能适合所有地球生物的生长，并且成为人类的新家，可能希望渺茫。所以，我们生活于其中的世界是我们唯一的家园，这一点恐怕没有任何人可以质疑。以前有个哲学家说，如果你没死过，你永远没办法了解生命的意义，如果你永远没有离开地球，你永远没法了解地球的意义。在当时19世纪初期，他这话是对的，但没想到我们居然离开了地球，而且看到了地球。我们有了对地球的一个整体性的观念，可以说，今天即使是中学生，也是全球性的思想者。虽然在中国、印度和西方的历史上出现过很多具有全球性视野和人类关怀的思想家，但他们毕竟没有亲眼见到过真正的地球，没有看到现在我们每一个人都可以看到的事实。

有了这个事实呢，就有很多含义。其中我提一点宗教学上的含义。康德在努力将理性推到极限时，也强调要为信仰留存空间，像上帝存在、灵魂不灭的观念。所以在西方传统中，信仰是非常重要的，应该承认有一个超越而外在的上帝。上帝和我们的关系是什么，我们是不是它创造的，我们的理性永远没有办法了解这些问题，理性和上帝之间的距离是不可逾越的。所以，Kierkegaard（克尔凯郭尔）这位神学家说，我们要靠信仰的飞跃，才能够理解上帝的存在。可是因为我们今天已经有了对我们唯一家园的认同，那么任何一个宗教传统都不可能脱离我们的生活世界讨论宗教理想。我举两个例子：一个基督教的神学家或基督教的领袖，不会说基督徒就应该只向往未来的天国、向往来世，让"凯撒的事情归凯撒，让上帝的事情归上帝"，对这个世俗的世界置之不理，或者就让它被污染下去。真正的佛教徒也不可能只是追寻净土、追求彼岸，而不关心和爱护地球。这在儒家的传统里面，我想道家的传统也一样，有非常深刻的认识，就是这个世界本身，特别是由人与人构成的这个世界本身有它内在的价值，我们不要随便否认它的内在价值。曾经有隐者对孔子说，这个世界肮脏不堪、无药可救，所以你不如和我们一样隐居，离开这个凡俗的世界，以一种自然的方式生活。孔子的回应就是："鸟兽不可与同群，吾非斯人之徒与而谁与。"就是说，我不可以与鸟兽为伍，而应该生活在人世。但这一点后来受到很多的误解，包括很重要的思想家，像马克斯·韦伯，他认为因为孔子接受、认同这个世界，所以他就接受这个世界的游戏规则，而这些游戏规则是有权有势有钱的人制定的，所以他就认同权、钱和势。这对孔子是非常大的侮辱。孔子认同这个世界的内在人文价值，不是认同现实的政治秩序，相反，他总是希望通过礼乐教化来转化这个现实世界。对于我们生活的地球，我们的身体、家庭，我们的国家乃至我们的宇宙、天地，我们都要有一种尊重感，因为它有内在的价值。我想，我的这个观点和您刚刚提到的珍惜地球是一致的，地球是人存活和发展的基础。我想起来非洲有一句很感人的话：地球不是我们的祖先移交给我们的财富，地球是我们千秋万世的子孙依托我们要好好保存的最重要的资源，不仅是物质资源，也是精神资源。顺带提一下，非洲这个地方，我们常常忽视它，但它有很多非常深刻的智慧，丛林原住民发展出来的智慧。所以我感觉到现在所有大的宗教传统，都开始重新反思，它的最终极的关怀应该在哪里。如果最终极的关怀只是超越而外在的上帝，和这个世界毫无关系可言，或者只是净土，却和我们现在所处的世界无关，那么我们究竟如何安排我们的现实生活？这会带来很严重的现实问题。所以佛教现在越来越强调世俗化，非常重要，也就是提倡"人间佛教"或者是"人间净土"的观念，自从太虚开始提"人生佛教"，印顺接着讲"人间佛教"，现在像星云、法鼓山，还有慈济功德会，都谈"人间净土"，英文里面他们叫做"engaged Buddhism"。事实上，参与世俗社会的佛教徒做了很多慈善事业，这和儒家要入世又要转世的精神不谋而合。

范　曾：对！刚才谈到这个"人"。人离开地球以后，他的感觉是什么，我正好问了杨利伟。我说，你用一句话告诉我，你离开地球的地心吸力以

范曾与航天英雄杨利伟、费俊龙、聂海胜

《蜗角蛮触》

后的感觉。他说:"人啊真是伟大、人啊真是渺小。"他的确是个聪明人,他回答得很好。人在整个的宇宙里有这么一个造化赐予的星球,这个星球有四分之三的水、四分之一的土地,有人在上面,还有万类在上面。这整个地球,也可以讲是一个方舟,一个诺亚方舟。我们不要"漏船载酒泛中流",不要使这个方舟漏水。呵护地球非常重要。人对自己的力量过分夸大,大体上是"后工业化时期"来临以后,人和自然处在一个对立的状态。我记得上个世纪,俄国有一个生物学家,他说,我们不要等待自然的恩赐,我们要向自然索取。其实,我们既不要等待恩赐,也不能索取,我们要参与。另外,就是人类如果有一点庄子之思的话,就会站在一个"环中"来看问题,要站在一个居高临下的地位来看问题。他就会把人间发生的很多大事情变得很小。庄子说,有个蜗牛触角上有两个国家,一个触角上的国家叫蛮,一个触角上的国家叫触,两国之争被称为蜗角蛮触之争。今天如果讲两个国家在对打,居高临下,以宇宙的眼睛来看的话,乃是一个很微末的战争,一个蜗角蛮触之争。人类就怎么不想想,这个蜗角蛮触之争自古至今一直延绵不断。至少今天能够真正认识到这个问题的人群，还是要看各国真正掌握着武器、掌握着军队的这些人。譬如讲，我和杜先生想通了，好，我们俩，大家在座的听我们谈，也非常有意味。哎，小布什打伊拉克了，对不对，这件事我们不能决定啊，对不对。这个"良知"、"良能"的发现，不仅是讲广大群众的问题，也包含各国领袖的问题。现在注意到了，哥本哈根举行世界环境会议。这环境会议已经到了什么时候呢？已经到了危在旦夕的时候，潘基文到北极看了一下，冰川在加速度融化。如果二十年之内，人类不采取紧急措施的话，世界将有四分之一的土地淹没在海洋里。而淹没在海洋里的都是各国最重要的城市。哪一个国家讲我一开始建设就到山沟里去建设？没有的，靠近水，运输方便、平坦，正好是水容易浸蚀最方便的地方，对不对。所以，人类在今天这个处境，可以讲是飘风发发、可危可惧啊。我想个人对大自然的参与，要做的功夫，首先就是心灵的自我觉醒，大彻大悟，同时和广大的人文关怀高度地结合。这个才是我们今后探求儒学的一个重要目的。

三、心学时代的来临

杜维明：刚才范先生提到，人非常渺小，同时人又是伟大的。这两个观点，事实上我们每一个人都耳熟能详，而且都能很亲切地体验到。从天地的大化流行，从宇宙的演化来看，人太微小了，连我们这个地球本身也非常微小。人在自然界的存活能力，也远远没有办法和其他生物相比，人的自然生命是非常非常微小的。

同时，您也提到王阳明。我很高兴您说王阳明是中国最伟大的思想家，至少是最伟大的思想家之一吧。我对王阳明特别有兴趣，长期以来有观点认为他的思想是主观唯心论，所以他的影响力一直很有限。我们前面谈到，也许现在心学的时代即将来临。您刚刚也多处提到了良知和个人心灵的自觉。所谓心学，在中国传统文化，特别是儒家思想中有着悠久的传统。孔子就对"心"的问题有非常深刻的理解。从1993年郭店楚简出土以来，我们认为孔子的孙子子思创作了《中庸》，而《中庸》是心学的一个重要资源。再后来就是孟子，然后是陆象山、王阳明，还有后来的刘宗周这些人物，他们共同创造了心学的传统。钱穆先生甚至说，像北大冯友兰先生主张的朱熹代表理学，陆象山代表心学，这种观点不一定准确。钱穆先生认为，朱熹所讨论的重大问题，也都是关于心的问题，像"心静理明"、"心统性情"这些观念。那么，阳明在谈到"心"的时候，他特别强调心感受外物的能力。这一点我们用普通常识也能理解，不是一种很玄的、很高的理念。他认为我们的心不可能是死的，心总会对外境、对外面所出现的事情有所感。即使我们现在觉得很多人的心都已经麻木不仁了，但如果有一个悲剧突然出现，就像孟子说的，眼看着一个小孩即将掉到井里，你在做出任何行为之前，就会有一种恻隐之心，一种真切的伤痛感，这个感触本身就说明你的心还没有死，你还有良知。阳明还有一个观点，就是说人的本心是无限的，每一个人都是如此。世界上任何东西，不管是遥远的星星，或者目前的桌子、椅子、草木、瓦石，都和我们的心有关联，不可能想象我们的心所接触到的事物，却和我们没有关联。这种关联是每一个人本身有的，而不是学来的。阳明对心的这些观念实际上是根据孟子的思想开拓出来的。这条思路在西方,一直到康德也没有开拓出来。没有开拓出来,并不表示它的哲学不够深,他的理性的思维不够全面,只是说明西方的思维方式和心学关于良知良能的基本观点中间有"隔"。康德基本上认为人心中的情感是不确定的,具有确定性的是理性。理性一定要客观,客观到什么程度呢?客观到没有任何一个人能够质疑,甚至一个动物,如果它是一个理性的存在,它也是根据这样的规则来行为,乃至上帝的存在、灵魂的不灭,都和这个理性有密切的关系。但孟子那时候特别注重了恻隐之情,也就是我们的同情,或者说慈悲。人的同情、慈悲是不是内在的,是不是自然的?假如同情是自然的,那么同情和一般的喜怒哀乐这些情感是不是同质的?我们碰到事情时生气或者高兴的反应,和一种与外在事物有着内在联系的情感,我相信不同。至少我们的同情心越多越好,而喜怒哀乐这些情感都必须要有点节制,要把握在一定的范围之内,否则的话不仅会伤害我们的身体,也会影响社会的秩序。像荀子也非常担心,人的欲望的随意扩展,会使得社会秩序不能维持。孟子坚持认为恻隐之心是内在的,而这个恻隐之心也就是您刚刚提到的"良知良能"。这"良"的意思就是本性具有,并且自内而发,只是平常我们的本心就像灵光一闪,显现以后就不能持续了。像颜回可以"三月不违仁",可以维持三个月,平常人很难一直维持下去。但是只要这个良知显现的话,那就是人性光辉的显现。良知虽然是内在的,但它绝对不是个人的,也绝对不是狭隘的个人主义。没有一个人是一个孤岛,每一个人都是关系网络的中心点。而且正如陆象山所说的"心同此理",我们在心的这一层次,能够包含天地万物,可以相互贯通,而且从根本上就是相通的。现在像哈贝马斯他们讲"沟通理性",而"沟通理性"的基础,他们是从法律、从理性来谈。那么在儒家的传统中,"沟通理性"的基础就是人与人之间"人同此心,心同此理",因此,人与人具有基本的同情。这个同情之心每一个人都有,不仅是对他人的同情,而且有对天地万物的同情。天与人的相互感通,我想是儒家和道家的共识,是中国传统中的一个重要问题,这次对话取名为"天与人",我觉得非常高兴。孟子所谓的良知,或者说这个同情心,不仅关乎人与人,而且关乎人与自然,人与天地,关乎万物构成的整个生命共同体。所谓"良知"无所不在。您作为艺术家,您在绘画上所体现的正是这样一种同情,或者可以叫做"体知"吧。我们外行人一般是通过"看",尽量想办法来理解您的画作,但您是用"体之于身"的方式感受天地之美的。我想很多的艺术家,如果要画山画水,可能最好先不要去做一些客观的研究,而应该先到山里面住几天、住几个月,了解到这山里面的灵气,然后你可以有一种"体知",可以以同情的态度理解自然。那么下面的问题是我们究竟如何可能达到对自然的同情的理解,也就是说如何可能"赞大地之化育"。实际上,《孟子》里面已经提到这个问题,他说假如我们了解我们的心,所谓"了解"的意思就是充分展现我们的本心,也就是"尽心",那么我们就知道我们的"性",也就是我们本有的人性,这就是所谓的"尽心知性"。人性的本身不是一个静态的既有结构,而是有一个来源,并且处在动态的发展过程中,人性中的基本价值都来自于"天",而且始终与宇宙大化的过程联系在一起,也就是所谓的"天命之谓性"。所以说,我们"尽心知性"后就可以"知天"。

在"知天"之后才能参与到天地造化之中,并且推动这种造化,发展人的文化,也就是"替天行道"或者说"人文化成"的过程。孟子还提到人应该具有的气度。一般讲"气",是说自然层面的阴阳气化的气,或者气功的气,但孟子讲的是与道德境界有关的"浩然之气"。这种气是由"集义"支撑的,是说通过道德行为的践履来涵养道德本心,最终达到的一种气度,或者说达到的一种道德上的力量感。可惜,现在我们看到的人类的力量往往不是道德的力量,而是不道德的,甚至违反基本人性的力量,我们发展了具有极大杀伤力的武器,可以把地球毁灭好几次,对自然环境的过度开发,导致很多污染、疾病,这都是我们碰到的问题。像这次哥本哈根气候会议,这个发展也让人觉得担忧。各个国家互相博弈,虽然都认识到环境问题的严重,但是又都希望自己少负一点责任。我认为,这反映了一个悲剧现象,那就是我们的理智压制了我们的感情。从情感上说,不要说科学家,就连一般老百姓乃至儿童都知道,我们应该为保护环境做点什么,可是就因为各种现存的政治结构、社会结构,还有心灵的积习,贪欲啊、物欲啊,各方面的力量使得我们在理智上越来越觉得无能为力,甚至麻木不仁地安于现状。我认为这是一个大的悲剧。当然,我们也可以努力做一些改变,您也提到了,这表面看起来可能是一种幼稚天真的想法,就是说,最切实有效的办法是靠自己的觉醒。如果从阳明、孟子他们讲,人的自觉是体认到个人内部的核心价值;这个核心价值可以有很大的影响力,比如说现在很多美国的年轻朋友开始吃素,他们的生活非常简朴,甚至在修禅、修道,这种现象还越来越多。那么中国文化有没有这种资源?我觉得有,而且我们能

够开发这个资源。像楼宇烈先生好几年以前就说中国文化的主体性问题。我认为这个主体性可以做进一步的开发。这个"主体性"绝对不是狭隘的民族主义,绝对不是一个封闭而排他的自我中心主义。现在大家都非常怕这个中国中心、中国威胁,甚至也怕我们所谓的"软实力"。当然"软实力"这个用法,我有点意见。这个中国文化的"主体性",我认为可以通过中国的医学、中国的心学、中国的艺术,也可以通过中国的最核心的一些政治理念,包括"天下",乃至"协和万邦"、"殊途同归"这些基本的价值来了解。我相信,中国文化可以成为21世纪人类最重要的思想资源之一。

范　曾:好,谈的非常之透彻。我想谈谈王阳明和朱熹,为什么王阳明最重要的著作叫《传习录》,为什么叫《传习录》?他对朱熹有爱,在《传习录》里表现出他对朱熹的敬爱,他本来是非常崇拜朱熹,学朱子之学,可是我王阳明之所以今天发表"心学"的观念,乃是为了一个理,为了一个真理,那么才不得不尔,在《传习录》里他就是这样谈到和朱熹的感

天与人 ——儒学走向世界的前瞻
杜维明 范曾 对话

《鹅池有辩》

情。我看到几封朱熹给他的朋友的信,深深感动,诸位大概看到过我的一篇文章,叫《大丈夫之词》,谈辛稼轩的。朱熹和辛稼轩有非常好的感情,朱熹向南宋的帝王上书,哪里是臣子向帝王上书啊?简直是申申其詈、训斥。所以他难免后来被韩侂胄他们弄为"逆党"。可是朱熹却拂尘而谈,外面好多的人都和他远离。可是他像苏格拉底那样在平静中死去,大丈夫!我看到他的几封信,我更感动,更感动什么?他说他早年对贤哲的书所做的一些工作,不免支离,这无疑同意了在"鹅湖之会"上陆象山对他的批评。而且他也有给陆象山的信,也非常谦和。到了晚年,朱熹就是个圣人。所以,谈到理学,我想王阳明的"心学"是在"理学"基础上的一个进步,而不是反动。因为朱熹讲天地在未有之前,总还有个"理",他看作是个心外之物。而王阳明不这样看,王阳明认为,心外无理,心外无物,甚至心外无天,在王阳明的《传习录》里都这样明确地提。他特别强调个人心灵救赎的重要。其实,王阳明讲到,良知者,是非之心也。孟子讲一个小孩掉进井里去了,你的良知的第一反应:哎呀!可惜!救!然后,功利判断来了,他是地主的儿子,我救不救他?地主狗崽子,不救。这是功利判断。秦二世时的赵高牵了只鹿到宫廷上来,讲这是马。你想,所有的大臣第一判断,良知判断是什么?是只鹿。可是跟上来的是功利判断,"马!""马!""哎呦,马!"好,赵高看来,天下完全可以取而代了。所以,是非之心实际上是"良知"的一种表现。一般讲来是非判断,差别不是很大。可是如加入了私心,加入了功利,那么判断就天壤之别。因此颠倒黑白、颠倒是非,这正是王阳明"心学"的修为所要拒绝的。"心学"是不是唯心主义,我觉得完全不是唯心主义。王阳明很注重现实的生活,他认为一个人"心量"有大小,可是"良知"是一样的。"良知"的发挥有大小,可是

哈佛大学

范曾先生在联合国教科文组织国际研讨会上发言

"良知"的本体并没有区别。这和孟子讲的要"集义"、"养气"是一个意思,你的"气","养"得越来越大,越来越恢弘,有沛乎苍溟的"浩然之气",那时候又是什么景象呢?诸位看我后面这张画。原画比这个还要大,挂在人民大会堂。我主要是表现对胸中之"气"的理解,而要了解天地和人、天地和万物、天地和禽兽,皆同此理、皆同此气。王阳明能够和天地万物同体。如果讲,一个艺术家能够做到一点点,如同这就是一个好的画家,就是有意味的画家。因为我们的能力很小,可是我想艺术啊,群众更容易接受,它是群众接受画家的思想的一个方便的、很直观的对象。作为哲学家来讲,我非常欣赏杜维明先生刚才谈到的,就是讲人的良知。这个存在,我们怎么样能够呵护它,而如果要呵护它,王阳明又教导我们要无时无刻地、不间断地呵护。而这种呵护是每个人都可以做得到的,他不提人做不到的事情。王阳明的确是个君子,他在学术上的争论,或者在学问上和朱熹的不同,那是一回事。可是人品,王阳明和朱熹是一样的。这是中国古代文人一种非常重要的美德,我想我们今天关于儒家的问题、儒学的问题保存着一些争论。我们在座的诸位都要记住,心平气和。这个不是为了个人的名誉,或者争一个学术地位,而是为了什么呢?为了儒学在新的时代怎么样能够得到普世的意义。

最近我听到李源潮先生在哈佛大学的讲话,他特别强调了《论语·子路》里面提到的"君子和而不同"。这么大个世界,这么多的种族,这么多的语言——这个世界语言之多啊,联合国教科文组织最近给我的资料,世界上还有六千到八千种语言——地球上众多的群体,要叫它一天之内完全按照一个思维,是不可能的,这种不同是永远存在的。"君子和而不同",这个"和"就是"大同"。这个我讲,我们要迎来一个"大同"的世界。这个大同的世界在《礼记·礼运》里曾经提到,"大道之行也,天下为公",要"举贤与能,讲信修睦",要能够做到"讲信",要能达致"修睦",要有信用,要有和平。李源潮先生在哈佛大学的讲话,特别强调的正是这种"和而不同"。我就看到王阳明在他的书中曾经讲,比方一个竹园,有竹节的竹子,这就是"大同",叫每个竹子都一样高、一样粗、一样细,这是不可能的。差异性是必然的,而千秋万代以后,这个差异性依然存在。可是"大同"是什么,都是竹子。我们现在的"大同"是什么?我想我们今天主要关怀的"大同"是人类和地球的终极命运,其他的差异都属小异。国家、党派、宗教、信仰、文字、语言,都是大同中的小异。因为比较起地球和人类的终极命运来讲,它是非常小的问题。我们现在不知道掌握着原子弹密码的人们怎么想的,他竟然有能够敲响这个的东西在。可能战争狂人不敲一下会手痒。这个很难说的,可是这手痒啊不是开玩笑的。你想在广岛、长崎两个原子弹,那仅仅五万吨烈性炸药的性能,现在每一个原子弹都几千万吨TNT,这个是可怕至极的东西。为什么汤因比把原子弹说成是危机的第一项?我想人类都在很多支节的问题上提出了改革方案,全世界戒烟,像真的似的,一个个请勿吸烟。应该戒造原子弹么,对不对?全世界禁造原子弹,这个才是当务之急啊。禁烟禁什么,愿意抽,抽嘛,对不对?人们总爱鬼鬼祟祟地弄个小动作,装模作样,我最恨的就是这种政客。上面握手,俄罗斯和美国,每个国家减少十五个原子弹,管个屁用,一千个原子弹在那呢。儒学的未来的力量在于什么,在于它具有全世界的普世价值,它是属于世界的哲学。这个,杜先生特别强调,未来要做世界公民,这一点不错,世界公民的全球化才是君子的大同世界的来临。

四、天理与人欲

杜维明：您刚刚提到您作画。上次您给我提到，您最喜欢是站着，不是坐着。因为站着有比较大的空间可以运气，也许您是在养天地之正气吧。您刚才讲到"和而不同"，那么，我还是从中国文化的"主体性"的角度作些回应。一般人有这样的错觉，对于王阳明的哲学，认为它既然强调"主体性"，就一定是"主观主义"。可是我相信楼宇烈先生也会认为"主体性"和"主观主义"是矛盾的。如果完全不关注外部世界，那就只是一个"主观主义者"，那也不可能建立自己的"主体性"。"主体性"是可以和其他各种不同的"主体性"沟通的，而且必须向外拓展。您刚刚提到"大同"，这是孟子的一个基本理想，也就是说，人作为一个道德主体怎么样推己及人。一个人有同情之感，就有不忍之情，就不愿他最亲近的人挨饿受冻。但是你对路人开始的时候没有这个感觉，假如你慢慢往外推，逐渐逐渐地，你的这个同情之感，就可以跟其他人都连在一起了。所以这个过程需要感性、知性、理性和悟性的共同参与。程颐觉得人的修养方法应该是"涵养须用敬，进学在致知"。朱熹最欣赏这一段话，并特别提出"敬"的观念，"敬"就是对任何他人，对他人和物都有一种敬意，不把外面的事情或自然当作一个客观的集合体，当成我们随时可以利用、可以宰制的对象。以前培根说"知识就是力量"，大家认为是很了不起的观点，确实，现代科学技术对我们的生活起了很重要的作用。但是在希腊哲学那里，知识是应该向智慧提升的，而不是一般的宰制外物的力量。自然和我们是一家人，不是客观对象的集合体，而是一种主体互相包容的生命世界。最近像《地球宪章》里，最好的一批科学家都达成共识，说地球是活的。以前我们认为地球是个死物的看法，是一种简单地认为物和心相互排斥的二分法，这在中国传统哲学里是没有的。我们的传统中，"物"和"心"、"身"和"心"是合在一起的，"物质"和"精神"是合在一起的。我们谈到天地间的物质因素，一般讲"气"，而且经常讲"精气"、"神气"、"灵气"，这表明，我们的物质观念涵摄有精神性的一面。程颢有一句话，我觉得很值得我们进一步讨论，就是"仁者以天地万物为一体"。王阳明接着这个线索说："大人者，以天地万物为一体。"后来他进一步认为，不只是"大人"，任何人都可以"以天地万物为一体"。他说这个"一体"不是说没有分别地爱一切人、爱一切物。他举了一些例子，像《孟子》里面提到的看到小孩要落井时感到震撼的事情，还有齐宣王看到牛要被带去屠宰时在颤抖，他感觉不忍，就换了一只羊，等等，这就表明人的同情之感可以将自己和他人、甚至和外物联系起来。所以如果我们想到现在大自然的森林都快被砍伐完了，能不感到痛心吗？人心和树林这些植物之间是有关联的。我想起一件事，最近哥本哈根的一次讨论，巴西做了一个令人钦佩的重大决定，就是承诺说亚马逊河70%的树再也不砍伐了。这个指标已经高于全世界的要求，当然这是题外话了。那么另外呢，我们的同情之感实际上还可以推及无生物。比如说建筑，我现在回顾北京的古城墙被拆毁的时候，觉得太可惜了，那是一个民族历史的见证。所以王阳明说一个人对于其他的人、对于动物、对于植物、对于无生物都可以有关联，所以说"大人者，以天地万物为一体"。但他讲"一体"还有一个非常明显的儒家的

天与人

儒学走向世界的前瞻

杜维明 范曾 对话

杜维明先生在演讲

特色，就是要有所分别，要从"亲亲"到"仁民"，再到"爱物"，这是一个由近及远、由亲到疏的推进过程。这个过程不能勉强，我们培养我们自己内心的资源就像蓄水，水位如果高了，它能流得很远，水位低的话，它就流得很近。不管流远流近，它都是水，都是有价值的。从这个角度来看，他回到了孟子，认为有一些东西是所有人都具备的。他提到"是非之心"，当然他还提到"恻隐之心"，还有"羞恶之心"和"辞让之心"，这几个最核心的、每一个人都具有的，一方面是内在的感情，同时又是内在的价值。而且这些感情不只是喜怒哀乐而已，它中间有很强的道德理性。我的一位老师牟宗三先生，是康德专家。他希望把康德哲学讲的那种自律道德和孟子所讲的人内心最核心的这些价值打通。康德本身也有非常强的关于"敬"的观念，但是他对人心是不信任的，这是西方特别是理性主义的一个大传统。但中国的传统就相信内心的良知良能，但这不是"主观主义"，而是"主体性"，而且是开放的"主体性"，越深入挖掘，它越能够向外拓展，用孟子的话说就是"掘井及泉"，你挖井挖得深，井水便可以向外流动。这种基于"主体性"的对外沟通是以每个人的自知之明为基础的，是由内而外的沟通，就像伯牙与子期的那种沟通。这既不是"主观主义"，也不是一个简单的、封闭的特殊主义。当然您刚刚提到，这种主体性是不是每个人都有，这还可以讨论。因为儒家内部也有性善、性恶的不同主张。我认为所谓性善，不是说所有人都是好人，而是说每一个人都有内在的良知理性或良知良能。如果这种力量能够自觉地发挥，没有任何人可以阻碍。这类似于"三军可夺帅也，匹夫不可夺志也"。所以陆象山特别喜欢讲"立志"，"立志"就是建立我们的"大体",我们的"大体"就是可以使天地万物能够连在一起的那个力量。那个力量在孟子那里是"几希",是人区别于禽兽的微乎其微的差别,但是如果可以存养扩充,它就可以发展到与天地万物为一体。当然在我们的人性中还有"食"和"色",就是一般讲自然的欲望、自然的冲动,儒家对这些也有深刻的理解。比如孔子说,"吾未见好德如好色者也",我从来没有看到性欲的冲动比道德的冲动还要淡的或者还要少的,这种冲动是自然发生的,但是这种冲动要经过调解,要经过和谐,否则,这种自然欲望很容易流为恶。回到您刚刚讲的王阳明的一套思想,我完全赞同。我认为王阳明对朱熹非常尊重,而且他一直认为他是朱熹的传人。不仅认为他是朱熹的传人,而且他认为朱熹的"晚年定论"与自己的思想能够相合。尽管学术界一般认为这两个人的思想有一定差异,但王阳明在心态上是很肯定朱熹的,认为朱熹是个大儒,他的接触面广,他有强烈的社会参与感,他有政治的关怀,他又对"天道"有一定的看法,王阳明认为自己是顺着朱熹这条路发展出来的。但两个人确实有所不同。朱熹认为"心统性情",当然我们不要在这里弄得太学术化,就说孟子认为尽心知性知天,如果一个人能够充分体现他的"心量",那就能够了解人性,能了解人性就能了解天,了解天地万物,但朱熹对这个"尽心"感觉到不安,因为他是以心统摄性和情,就是说心中间又有性又有情,只有把我们心里面的"性"理解成"理",才能够在人心中建立一个确定的道德标准,调节我们的七情六欲,使它们和谐,让"心"恢复到本来的状态。所以,他有一个比喻,有点像佛教里面的比喻,就是"心静理明",心能够静下来,理就显豁了。当然朱熹确实也提供了稍稍不同于心学的一种思路。最后我再提一下您刚刚讲的"和",我也完全赞成。这个"和",我认为它的对立面是"同",就是说相同东西的整合,那就不是"和"。以前有个很有名的故事,齐侯说我和我的臣子很和,晏婴说你们不是"和",是"同","和"就像烹调,各种不同的作料配合出全新的口味,也就像绘画,各种不同的颜色调配成完美的视觉效果,也像奏乐时各种不同的乐器搭配出的和声。这种"和"的重要条件是"异",差异。差异并不表示分裂、分离。差异的本身是使你的"和"能够内容丰富。"和"绝对不能走向"同",走向"同"以后,就是"同则不继","同"就会"阴阳"不能够调和,就无法有创造力,不能够有生化力。所以要通过"不同"而逐渐来展现"和"的价值。当然,"同"这个字的本身在中国语言中是一个非常健康的概念,同学、同道、同乡、同心协力都是这样。但是在更高的水平来看这个"和"的观念,特别从《中庸》来看,它是一个动态的概念,是一个复杂的体系,各种不同的因素都要考虑进去,才能够达到和谐。

范　曾:对,这个动态,王阳明经常用一句话讲:"活泼泼的"。王阳明的理学绝对不像一些迂阔的儒家,因为他年轻时信过佛、信过道、练过武、骑马射箭。他到了中年以后,那些过去的体悟,或者对其他的的体悟——他曾信两氏,就是释伽牟尼和老庄——使他的认识有了进步。他认为仙家就是自养,而这个佛家把心看作是个幻相。这个王阳明完全不是这样,心不是个幻相,"心即物"。"吾性自足,不假外求"这八个字,在王阳明非常重要。他把心灵看作是一个自足的体系,因为王阳明当然对孟子非常推崇,对孟子的所谓"集义养气",非常赞成,能够"集义养气",又能够有一种内心的自信,"我性自足,不假外求"。王阳明还举了孔子对子贡和曾参的区别,他说这个子贡老是外求,而这个曾参"反求诸己"。我想,我们今天讲这个人犯了错误,我们开个生活批评会,他坐那儿慢慢听,可心里怨恨在增加。错误非但没有改,变得更坏了。一切都在自觉,都在内心的自觉。如果讲,能够使一个人内心真正地感到有一种神圣的尊严,这个是达到内性自足的前提,如果讲他本身是个缺乏自信的、缺乏自尊的人,你和他谈这些,他也许会不接受。那我们为什么要"集义养气"呢?为什么要"拔本塞源"呢?我想"拔本塞源"也好,"集义养气"也好,都是从孟子到王阳明一个重要的思路。特别强调一个人的内在心灵的修为,而这东西又不是像佛家,或者像仙家,那样的对待自己。所以讲,王阳明的哲学是一个非常入世之学,而不是出世之学。我非常感动的

是，王阳明对小儿的教育非常重视。他教育小孩有三点，将来周校长的北大附中和小学可以参考，他说，第一堂课音乐，第二堂课礼仪，第三堂课读书，音乐使小孩那个年龄"活泼泼的"，因为小孩是处在游戏的年代。我们现在叫小孩死坐在那儿死背，这种教育方法失去了天性。小孩玩的年代不是很多、不是很长，我们要特别珍惜他这个"活泼泼的"儿童心态。礼仪是小孩知道自我约束，比如讲小孩相见应该怎么讲话，见到老师应该怎么鞠躬。我想这真是"礼失而求诸野"了，像日本人鞠躬特别厉害。诸位注意，和日本朋友分别的时候他至少鞠躬十次以上，绝对的。我认为这个鞠躬就是一种基本的礼仪，使他知道自我约束。然后是读书，他在快乐的、知礼仪的条件下读书，那是一个多么好的教育思想。王阳明对这些都关怀，所以他的学说是一个非常入世之学，而不是出世之学。

杜维明：您刚才提到王阳明的学问是入世之学，这点我是认同的。他曾经学习过佛教、道教，甚至达到很高的境界，那时候他开始思考，是不是只有遗世而独立，才能够达到更高的修炼境界。但他始终有一念不能释怀，这一念就是他的祖母，因为祖母从小抚养他。王阳明觉得，如果连这个念头都断掉了，那我还是不是一个人呢？因此他就放弃了出世修行的念头。对这一个念头的坚持恐怕不是佛家讲的"执着"，而是体现了儒家所关注的人伦的内在价值。就像陆象山说，人应该"立乎其大者"，也就是说要树立人格发展的根基，而他下面马上就说，要"亲师取友"，也就是要交朋友、找老师，一定要在一个社会网络中发展和完善自我。如果没有社会关系的话，人格发展就很难展开。王阳明在龙场顿悟的时候,已经悟到"吾性自足",但他随后又作《五经臆说》,意图通过与他以前所记诵的五经里面的文句互相印证,检验心里的观念是否与经典相合,结果证明是相合无间的。所以他的那个主体性,一方面它要跟客观的世界能够吻合无间,不能够完全违背客观世界的规律;另外它跟一般人的本心也融合无间,因为我们的人心之间自然有相同、相通之处。但他始终坚持自己的良知作主。他曾说,如果一句话是一般人讲的,我的心(尚且)感觉到很安定,何况是孔子讲呢?反过来看,如果这句话是孔子讲的,我心里都不安定,何况是一般人讲的?所以他自我作主的心态是非常强的。他还有一个观念,现在大家把这个观念批评得太厉害了,我觉得应该厘清一下,就是"存天理,去人欲"。一般认为,这一段话表达的是"禁欲主义",就是把你自己的感情、所有的欲望都要彻底地去掉。王阳明所说的实际上

不是这个意思,他的意思是一个人的"真我",真正的自我,和一个人受到欲望所控制的"私我"有很大的分别。这个"真我"就是来自天理,有超越的那一面。那么"私我"呢,就完全为一般的感情所束缚,这些感情本身一点坏处都没有,但是当他们表现得过分露骨了,或者是没有任何的限制了,比如我们喜欢吃,但是吃到使自己的身体受到伤害了,就需要有所调节了。调节就是节制人欲的问题,人欲就是在你应该做的、自然的、合节奏的那种感情的表现之外,走过头了。所以要去掉这种"人欲",才能够"存天理"。以前程颢说"吾学虽有所受",他的学问虽然有不同的来源,但是"天理是我自家体贴出来"的。"自家"即是自己体悟出来的,而且他说体悟到天理以后就觉得非常愉快,"不知手之舞之,足之蹈之"。这种愉快,就是您刚才提的,我也非常赞同的,即是可以增加我们的幸福感的学问,一种快乐的学问。王阳明的一个弟子王艮就一直提倡,儒家不是道德说教,不是大家认为的一种束缚人的自由发展潜力的学说。有位日本学者今道友信曾经跟我说,看《论语》不完全从道德说教来看,而从美学来看,意味很不同。他特别欣赏《论语》里面的《乡党》那篇。他说,以前怎么样念也念不进去,总觉得这一章有点太做作,讲的都是孔子吃东西怎么样吃、交往呀、讲话呀、走路呀、行礼呀,与现代情境脱离。今道先生说,如果你从美学来欣赏一个人,在他的弟子眼里,他所体现的是一种美感,不只是用语言来传道,而是身教,用他的行为来教化。后来我重读以后,我承认他说的确实对我很有启发。

范　曾:是,这个王阳明对孔子的敬重,从一句话可以看出来。他说孔子讲:

"《诗》三百,一言以蔽之,曰思无邪。"他说岂止是《诗》三百,六经呀也可以用这"思无邪"三个字,,来贯穿它。就讲"思无邪",我们如果把这三个字记住的话,我想真是受益匪浅。刚才谈到,一个好色之徒,他可能不会瞬息忘记色,可是忘记德比较容易,王阳明也提醒过这个。那么孔子讲"思无邪",那是不是讲我们可以,作为一个学人也好,作为政治家也好,作为一个企业家也好,作为一个事业家也好,艺术家更是,"思无邪"!这个"思"不要走上邪念,可是是不是邪念,我想自己心里也清楚,"吾性自足"。这东西危及了别人,你损害了别人,别人会不愉快,这个都是自己可以体察到的。一体察到,就提醒自己不可做,时时刻刻这样的话,就会成为一种习惯。这个王阳明教学生也是,渐渐地就成为你的本性的一部分。不会在此一事上思无邪,在彼一事上又邪念顿生,这样的话你的修为不是一种连续的,不是一种一以贯之的。孔子好像曾经对曾参讲过,他说"吾道一以贯之","忠恕而已矣"。我想这个"忠恕而已矣"这句话,和"思无邪"如果要结合起来,对了解孔子非常有用。忠者,"诚意正心",意很诚、心很正,忠;恕,宽宏大量,能容忍,"以直报怨"。这样的话呢,我想不仅处理人与人之间的关系,而且处理国与国之间的关系都非常有用。对一个国家,你要想到这个对他这个民族有没有侵害,如果对我这个民族有利了,对其他民族有侵害,你这个国家就没有做到"思无邪"。你说假话了,在国际会议上老想着其他国家给我们点好处,没想到自己国家给其他国家提供什么。为什么要开国际会议?国际会议就是全世界的各国都要把这个事情当做切身的事情,"求诸内","不假外求",那么这是他自己本身这样想。可是,强大的经济发达的国家对他们的帮助,是他们的良知。见到

《思无邪》

第一次对话 「天人合一」的价值追求

了，难道不可以扩而大之？一个国家民族的关系嘛，我想是可以的，可能的。

杜维明： 今天来了很多一流的学者。我们是不是可以请大家一起来参与讨论？我们不知不觉已经谈了快两个小时了。

学术互动

主持人：好，谢谢，谢谢两位先生，谢谢。多亏杜先生这样提点，不然我也不敢走上来，因为我知道大家可能也听得意犹未尽。我相信经过刚才两个小时，两位先生的对话呢，我们每一个人都会有自己的领悟，也会有自己的思考。尤其说到前排就坐的，都是各个大学的知名的学者、专家和教授。刚才杜先生两次提到楼宇烈教授，给大家介绍一下，他是我们北京大学宗教研究所的所长、北京大学宗教文化研究院的名誉院长，也是北京大学哲学系的教授。那我们请楼教授来参与到这个对话当中。好，请把话筒递给他。楼教授，您对两位的对话有什么呼应？

楼宇烈：我觉得杜先生跟范先生对话的主题可以说是包罗了人类的全部的智慧和知识。为什么这样讲呢？因为人生天地间，头顶着天，脚踩着地，所以人对外是探讨天地的问题，对内来探讨自身的小天地的问题，所以都离不了天地。这个问题不管科学家也好，人文学者也好，都是要讨论的问题。我看今天做了一个线索："儒学走向世界的前瞻"。那么一个问题是,这个天与人可能还是围绕着儒学对于天人观念的探讨。刚才两位先生,特别一开始,范曾先生讲到:天与人的问题,实际上探讨的是一个人心的问题、心灵的问题。我想这是很对的,儒学就是这个样子。我有一个问题,想向两位来请教,就是说儒家思想里边非常强调敬天、畏天的思想。敬天、敬重天;畏天、畏惧天。敬畏两个字,本来畏也就带有敬,敬也就带有畏。因此在中国整个的历史中间,在儒学的这样一个主体思想下面,历朝历代,每个皇帝必须做的一件事情——祭天。那么我们为什么要祭天?为什么要敬天?为什么要畏天?我想儒学里面对天的看法,也有许许多多的含义。但其中恐怕有个最主要的,就是天是一个德性的标志、德性的代表。为什么这样讲?我们开口就说,"德谋天地","德配天地",所以这个天是我们学习的榜样,天是德性的一个标准、一个准则。所以我很希望两位能不能就这个问题来探讨一下,这个天究竟显示出一些什么样的德性来,要我们人去学习?我刚才讲中国的文化,其实有两句话非常重要:一个是"以史为鉴",我们处处要以历史作为我们的一面镜子;一个就是"以天

北京大学楼宇烈教授

为则"。《论语》里边赞扬尧伟大,为什么?"巍巍乎唯天为大",为什么呢?因为"唯尧则天"。所以天是我们人类一切行为准则的标准,那么究竟是什么样的标准?天有什么德?地有什么德?我们儒学为什么要如此的来敬天、畏天?我很希望能够听到两位学者的阐释。谢谢!

主持人:好,也谢谢您!

范　曾:我先说几句。我们人对天的认识现在还非常的浅薄。庄子书上讲,"天地有大美而不言,四时有明法而不议,万物有成理而不说",它是个自然的存在。什么叫自然?"人法地,地法天,天法道,道法自然。"我们可以看到一个天地人,这后边还有一个道,还有一个道所法的自然。这个"自然"是什么?我给简单的解释,自在而已然的存在是谓自然。它自在,因为它无所不和、无所不合理、无所不恰到好处。你举起头来看看天上的云在飘动,你说哪个云飘错了?哪个云飘的不对?没有,天地一点没过错!你看山中流水出来,它不择地而流,它流得都那么美!"天地有大美而不言",人类的美感比起天地来讲,还差得很远。所以过去有人画张画讲"江山如画",周恩来说,还是画如江山吧。江山还不如你的画?不免妄自尊大!对不对?画家都要谦虚,对不对?画如江山就不错了。我们经常很尊敬地称艺术家是自然之子,这已经很不错了,我们能做到不是自然之孙。齐白石是自然之子,再说齐白石的自然之孙,对不对?我们不做自然之孙,就很不错。你更不要讲,我就是上帝,那没的说,没有这样的,一点影子都没有的事,差远了。所以我们的德,能和天地之德有一点相侔和,这个就是大德性；你的学问和这天地之德有所俾和，这个就是大学问，是不是？我想我就讲这么点。

杜维明：我想楼先生提这个问题，必定经过了长期的思考。我的感觉，和刚刚范先生讲的很接近，就是天地有博大、有高明、有精深的一面。作为德，天地有创造生命的能量，就是"天地之大德曰生"，它是要创造生命的。但是它创造生命是无心而成化，它不是主动自觉地像人来创造文化，而是自自然然就创造了生命，是一种无为而化的精神。"无"，我相信在道家的理解中，和佛家的"空"很不同。"无"是一种无限的"有"；"空"就是四大皆空。"无"是无限的"有"，就是无限的可能性，无所不在，无所不有。但是它虽然有无限的可能性，它又有一定的规律，这规律是自然的，也是人的生存之道。所以儒家从天所学到的，不仅是博大精深，而且是它的永恒的持续的创造力，"天行健"，不断地向前迈进，所谓"君子自强不息"，就从"天行健"所代表的创造力来教导人在自我完成的过程中勇猛精进。所以道德在这层意思上面还不只是规律，道德本身也是一种人性的创造。从这个方面看，向天的创造力学习，就能使人道和自然融合无间。

主持人：楼先生，您还有什么要说吗？好？那今天在座的还有清华大学哲学系的主任，中国伦理学会的会长万俊人先生。万先生，您是不是也参与到对话中来？来，请接话筒。

万俊人：我非常感谢两位先生的高见，那么我谈不上提问了。因为两位都是

清华大学万俊人教授

前辈，学问高深；而且今天谈的这个问题，儒学也不是我的专长。但是我就接着楼先生——楼老师是我的老师——接着他的问题问一下。就是刚才两位先生谈到，很多现代人的一些问题，比如现代人对于自然、对于环境的一些态度。那么我的理解呢，就是说现代人对自然，不是"化育其中"，而是"化用为己"，把自然看作是一种工具，一种工具手段的价值，但目的是在自我。这样一来那就是，自然成了一个行动的对象，而不是学习的对象。就是刚才楼先生讲的，应该向自然学习，因为自然本身有一种德性。那么我就想问两位先生一个比较现实的问题，就是在现代社会里，世俗主义这么泛滥而且比较深入人心，现在一般的人要改变某种生活习惯或现代性的一些观念，是不容易的事情，那么在这种情况下，儒学能够贡献些什么？两位先生通过这个对话，想期待或者说寄托一些什么？谢谢。

主持人：好的，谢谢您。

范　曾：我想天地有好生之德，如果它没有好生之德，我们在座的诸位都没有。有了好生之德,他附带给我们很多给予。它给予的东西很多,譬如讲审美。对美的东西,我们会有一个审美的三过程:第一个过程是惊讶;第二个过程是赞叹;第三个过程是爱慕。就像我们对大自然的山水一样,到了黄山,就不由得不想到,这个天地怎么会创造这么美的奇迹。我们之所以要进行这样的讲座,它所能够给大家的什么,要使自己都相信:这种审美的权利属于每个人,这是"不假外求"的、已然的存在,审美绝对是个不虑而知的东西。我经常讲一个小孩刚生下来20个钟头,他什么东西也看不到。可是这时候来一个天生丽质的美女,他会感到愉悦;忽然来个猪八戒,他愤怒、他不安。谁教他的?谁也没教他,是天地有好生之德带给他的。我们就是希望通过我们这个讲演,通过我们这个交谈,使大家增加一种内在的自信,增加一种不假外求的自尊。我经常讲这个自尊和傲慢还不一样,这个傲慢,王阳明是最反对的。王阳明几乎认为,傲慢是万恶之源。有人讲范曾骄傲,其实不然。我在杜先生面前很谦虚,我就想到杜先生是一个良知之根,我是这个根生出来的枝叶。所以这个东西也还是一种自信,自信自己能长出枝叶来,自信我通过和杜维明先生对话能增长很多。我想,和杜先生同台演讲的人都有这个想法吧。我想等这个电视播出去以后,电视观众也会有同样的想法。

杜维明:万俊人先生是伦理学的大家。他提出这个问题,是一个尖锐的问题,很值得思考。我们一般的理解,面对人类的大困境,科学技术如果不是唯一的解决办法,至少也是最重要的解决办法。但是我们的关注点应该扩大,譬如说关于生态环保的问题,制度的创新和制度的转变也是非常重要的办法,但是我们从事伦理学研究,可能更应该关注态度和心灵、乃至信仰的改变。在伦理学里面,儒家是德性伦理,怎么样把我们都需要有的德性,如勇气、宽容、忠义、诚信通过努力而内化?这些都是重要的问题。还有关于责任,在儒家的伦理中,越有权有势,越有影响力,就越能够掌握资源,也越应该对于人类现在所碰到的困境负有责任感,越应该以自己的良知理性来为人类创造存活乃至发展的重要条件。以Buchanan(布坎南)这位获诺贝尔奖的经济学家为例,以前他说经济的发展就靠自由;后来他说除了自由以外,还需要有责任;最近他又说除了责任以外,还应该有"decency","decency"可以翻译为"善心"。有权有势的人如果没有善心,就不可能有责任感。因此儒家不仅是德性伦理、责任伦理,也是关怀伦理。关怀伦理后面所根据的是,人与人之间的沟通理性,和人对自身的了解和自身修炼。从这个方面看,要解决的问

题是心灵的问题,不仅是行为的问题,也是态度的问题、信仰的问题。王阳明那个时候最担心的,就是您刚刚提到的"功利",一切都以"功利"为主,是一种实用主义和物质主义,造成很多恶性的循环和恶性的竞争。如何减少功利之心,我想必须从教育开始。当然我们需要能够善于运用工具,但是如果我们的心灵完全为功利所控制,我们自己的良知不能发挥任何作用,那我们在教育方面即是失职。我觉得我们作为老师或者作为教育家如果做得不好,会为我们的社会带来很多负面的影响。另外再随便说一点,如果社会上损人损己的人特多,这社会必然崩溃;如果是损人利己的人特多,这个社会必定堕落;如果说利己不损人,大家都是所谓的"经济人",社会的基本秩序可以维持;如果又不利己也不损人的人多,问题也不大,基本可以接受;最好呢,能够利己利人。利己利人是向外推己及人,也就是"己

布坎南

欲立而立人，己欲达而达人"。做一个很简单的描述，如果我们这个社会"推己及人"、利己利人的人数在增加，那就是德性伦理、关怀伦理和责任伦理的具体落实的体现，需要从每一个人自身做起。

主持人：好。那今天南开大学的副校长、文学院的院长陈洪教授也在，能不能也参与到对话中来？来，把话筒递给他。谢谢。

陈　洪：抱歉，一点准备也没有。非常高兴来参加今天这个对话，坐在底下是获益良多。"天与人"这个题目是一个传统的大题目，带有根本性的题目。太史公讲，"究天人之际"。我想不但是对于古代的世人，就是对于今天每一个有知识的，对于每一个读书人，如果愿意使自己的精神世界更加丰富、更加透彻，那么"究天人之际"可能是绕不过去的一个话题。在中国古代因为这个话题很大，又是所有有见识的读书人的一个梦想，是不是也有各种不同的看法？比如老子讲,"天地不仁,以万物为刍狗。"那么这里可能就一定程度上淡化了天和人之间的一种沟通和对应的关系。比如庄子讲,"畸于人(而)侔于天",那么天和人呢,也有一种对立的关系。"穿牛鼻"、"落马首",这也是类似的一种表述。在儒家的思想系统里,是不是天和人,刚才我觉得楼先生讲的很好,他说天往往是承载着一种道德的含义,甚至于道德的一个终极的依归。那么这一层之外呢,在现实的层面里,尤其是在现实的、社会的这种运作的层面里,天和人这个话题是不是还有一种权力架构的味道在里面?天是不是成为一种权力的终极的标准或者是什么?这个我想很多词汇大家都知道的。最简单的一个就是天子是吧,那么在我们今天讨论天与人,这个副标题说的也很好,也是清华这位先生他所讲的,那么我们要考虑我们最后落到何处,是儒学走向世界的前瞻,这一个副标题非常之好,就是我们谈的并不是一个完全务虚的话题,他和人类面临的困境,所谓心灵的救赎,是连在一起了。那么在这样一个大背景下,儒学走向世界。我们讨论天与人,我向杜先

南开大学常务副校长陈洪教授

天与人
——儒学走向世界的前瞻
杜维明 范曾 对话

《老子》

生请教一下,就是我们如何对待传统文化中的天与人,这些是不同的角度的一些看法。尤其是在儒家思想体系里,我们如何看待,或者可以说扬弃它所具有的权力架构这一方面的含义?我不知道讲清楚了没有,不好意思。

杜维明:不仅你讲得非常清楚,我觉得您的问题很有意义。关于人和天,从中国传统来看,有各种不同的说法,诸如人定胜天、天人相应、天人合一。您刚才提到在道家的天人关系中,天作为自然,人在学习天的过程中间,不要以人的"机心"来妨碍天的自然造化。那么儒家的传统呢,是天人相应,这是董仲舒所强调的。至于天人合一,就是天和人的相辅相成。因为天是全知全在,但不是全能的,所以人的参与就成为非常重要的因素,因此才有相辅和相成的说法。这个观点和"上天好德"的观念、"好生"的观念是一致的。如果天被政治化了,落实到现实政治便成为一个超越的权威,这个权威是为了政治控制的目的的话,天就成为绝对专制的象征。天子原来并不是政治权力的观念,它是尊重天就像儿子要孝顺父亲那样,它还要尊天、要畏天、要敬天、要事天,而且是要为天的子民创造福祉的,所以说"天视自我民视,天听自我民听"。天子被政治化为一个无上权威是对儒家传统的扭曲和异化。这个异化表现在后来发展出来的三纲:"君为臣纲,父为子纲,夫为妇纲。"在这种结构中,很明显受到法家的影响。那么我们怎么样把这个三纲,正如您刚刚说的,彻底地消除?我觉得经过解构的方式,可以发展五伦的真精神。五伦是"父子有亲,君臣有义,朋友有信,夫妇有别,长幼有序",像"父慈子孝",都是双轨

的。因为是双轨的,今天还有价值,比如我们可以说,领导者和被领导者之间也是一个双轨关系,老师和同学之间也是一个双轨关系。所以我觉得如何让三纲回到五伦是一个重大的考验。您刚刚提到,儒家在它发展的过程中,不仅有转化的能力,而且有抗议精神,像刚刚范先生也提到,朱熹的抗议精神;另外也有自我反思的精神,这种精神要坚持并要继续发展。您刚刚提到汉代,比如叔孙通和公孙弘,他们所代表的是政治化的儒家,为了大皇帝的权威而建构儒家的礼仪,和董仲舒从神学的高度来范围天子的行为,这中间确实有很大的不同。我相信如果没有明确的拣择,我们会犯很严重的错误。特别是面对现在,也就是面对政治权威,应该如何体现抗议精神这个课题。

主持人: 刚才说到道家,我们在座的有一位北京大学道学研究所的所长,也是北京大学哲学系的主任王博教授,王教授还是教育部推出的新世纪优秀人才之一。王教授您也参与到对话中来吧。请拿话筒。

王　博:两位老师好,刚刚听到两位先生的对话,我也是有很多收获。当然也有很多感动,一个最大的感动,就是发现画家的心其实和哲学家的心是相通的。而这个相通的心,也可能就是天和人之间的这种关系。我想起我们古代画人中间非常著名的八个字,这八个字就是"外师造化,中得心源"。那么我想这可能也是刚刚我们在对话中谈论到的两个非常重要的问题,就是造化和心灵的这个关系。我同时在想,我们中国古代第一个画家是谁?我大概给出一个想象的答案,是伏羲,就是周易八卦的创始者。我们可以把八卦看作是一个画,那么伏羲是怎么样来创作八卦的?其实也就是这八个字。我们如果根据《周易·系辞传》中的一个说法,当然我们也知道,其实在易学中,"天"和"人"正好是一个最最根本的问题。刚刚杜维明先生提到的郭店楚简里面,特别有句话讲到,"易,所以会天道、人道也",就是讲的这样的一个问题。我刚刚在听两位先生在讲的时候,

北京大学王博教授在提问

特别注意到有几个词,第一个词是"敬畏";第二个词是"参与";第三个词其实是"仁爱",这样的几个关键的词。我也就想到,以前读刘小枫先生书的时候,他有本书名字叫《这一代人的怕和爱》,所以我不知道说这个怕和爱,因为怕其实就是一种敬畏的精神和态度;那么爱的话呢,是我们面对世界的时候应该有的一种情怀。在传统儒家的一个理解里面,其实无论是怕还是爱,都直接跟天有这一种渊源。刚刚楼宇烈先生和陈洪先生都特别地提到,天所具有的一种德性的意义,天所具有的一种政治权力,就是这个根源的这样一种意义。那么天具有这样一种赋予人的心灵的怕和爱的意义;以及这种意义对于我们现代中国可能会发挥一种作用。所以我在看到这个副题"儒学走上世界的前瞻"的时候,其实我有一点点小小的建议,在走向世界之前的话,我们是不是可以先走向中国。所以我是想请两位先生就儒学走向中国,我们当代中国的前瞻,能不能够做一点点的评论?好,谢谢。

范　曾:儒家讲上畏天、下畏人,不是怕,是敬畏,敬畏之心。这个你也谈到,羲皇、伏羲,很巧的,王阳明也谈到伏羲。他认为羲皇之上的都"生而知之",那么能够"生而知之"的人要做能够从事"学而知之"、"困而知之"的人的事,这个更了不起。那么"生而知之"的、"学而知之"的和"困而知之"的三者,他们都有共同点,心里都有。如果没有的话,你再"困"也没有用。就是谈到这个儒学走向世界,我想这个儒学走向中国当然是第一步,我想是第一步。可是现在呢,有个大的、很大的行为的潮流,包括美国国会都通过了要纪念孔子诞辰2560年。这个当然对中国的学术是一种尊重,我也认为很重要。因为美国毕竟是个大国,无论它做的是一个姿态还是实质,我们都表示欢迎。那么现在儒学走向世界,就是孔子学院的遍地开花。现在全世界大概有三百所孔子学院,孔子学院要叫西方人了解中国比较困难。因为西方人对中国的了解,我可以讲不如中国人对西方人的了解。为什么?因为近代以来中国积贫积弱,中国有良知的知识分子都希望这个国家强大,这个民族能昌盛,因此尽力地翻译,尽力地翻译西方国家的著作。这样是好的,我们能见到,无数的、杰出的、有才华的人都在翻译。西方对中国的经典的认识一直到19世纪黑格尔他都有误解。他说我本来没有看孔子《论语》的时候,对孔子朦胧之中有些敬意,等到我看了孔子的书以后,他不过讲这些日常的话。一点不错,他不像你的这个哲学那么鸿篇巨制,可是中国的儒学作为一个学问,它本身的审美价值,可能在下一讲我和杜维明先生会提到,它本身语言和思维的审美价值,我们提到审

美高度来看是非常有意味的。那么这个杜先生,您看呢?

杜维明:回到刚刚王博先生的话题,我认为范先生说怕、恐惧,大概是敬畏。敬的观念是非常核心的,早期也有忧患的意识。忧患的观念,我相信我们对于当时的天道观的了解是不够的,中间有很大的距离。所谓敬畏之感,和"人文化成"的人文精神和前面提到的忧患意识有很大的冲突,和现代西方从孔德以来发展出来的进步观点也很不同。孔德以为人类的文明通过了三个阶段,宗教阶段基本上代表恐惧和不理解、甚至无知,有的人说是迷信;再到玄学,即是形而上的哲学;然后发展到科学理性。科学理性出现以后,宗教所代表的那种对大自然的恐惧感就消除了。可是在21世纪,我们发现宗教的影响力不仅没有减弱,反而越来越大。今天宗教的影响力,我相信不就是以前那样对自然的恐惧,因为科学技术的发展,有很多神秘现象我们都能解释,我们并不是因为无知而信教。这一种新的心态的出现,我想这种心态和儒家传统的核心价值有密切的关系,也就是对天地万物的敬畏感。因为如果没有敬畏感,不怕天、不怕地,什么事情都可以做,完全凭人的意志行事,我们的存活能力就会受到影响了。我认为我们现在要跳出的不仅是个人中心主义,而且是人类中心主义,不能把所有的价值都以人的满足为唯一的标准。要跳出人类中心主义,我们就要重新了解,人的生存、人的尊严、人和宇宙大化之间的关系,乃至前面所提到的,人可以通过自觉了解天赐予我们的本性。所以我们的行为,特别是我们的道德行为,不仅是为了个人、为了家庭、为了社会,而且是为了天下,为了自然，为了宇宙大化，这才是所谓的"人能弘道，非道弘人"。在这个新的视野之中，前面所提到的敬畏感是非常重要的，当然，和您提的恐惧感和害怕感很不同，恐惧、害怕可以化除，但我相信敬畏感是必要的。

主持人：还有一位远道而来的校长，是南通大学的副校长周建忠先生。周教授，请。

周建忠：曾经多次听过范曾先生的演讲和报告，我是在范先生家乡的大学工作；以往也听过在一次大会上杜先生做报告。我的体会就是说范曾先生作为一个画家、艺术家，他关注的是一些思想和社会的重大问题。那么杜先生呢作为新儒学的代表，他和别人不一样，他能把儒学的理论讲的具体亲切，能够很条例化，而且也很细腻。那么今天两位大师进行的是高层次的对话，围绕天与人这样一个命题。我觉得听了以后很有收获，另外心里也引起很多共鸣、碰撞和振荡。提一个问题就是，天和人的关系实在太多了，还有一个天人感应术，从多种渠道影响到后代。我是搞文学的，天对文学的影响特别多，对人的收获也很多，比如说天与愿违、天随人愿、天怒人怨，等等，这个还是比较多的。我们往往把个人的不幸、国家的灾难等和天连在一起，这些解释有从正面来肯定，也有从消极的角度来批评，等等。我在《光明日报》也读到一篇文章。这篇文章的主题大概就两点：第一点的意思就是说，儒学早期对中国发展还是有很大的贡献，在后期阻碍了中国的发展。如果中国要走向现代化的话，儒学对中国不能提供多少进步的

南通大学副校长周建忠教授

东西。那么随着时间的推移,大家觉得现在生活对儒学的选择,或者说对儒学的继承和借鉴应该说逐步明晰化。我也希望能听到两位大师、两位专家,就是说我们今天谈儒学,还有哪些儒学关于天和人之间(的论述)我们应该消减、或者说应该克服的方面?我请教一下,谢谢。

杜维明:这个问题首先我想回应一下,关于儒学进一步发展有否可能的问题。以前学者常说儒家可能妨碍了中国的现代化,这是有名的德国学者马克斯·韦伯提出的。他有个基本的理解,就是说要使得这个社会能够进行工业的资本化,需要有一种超越外在的上帝,是说只有通过超越外在的上帝,你才能够有足够的力量来改变这个世界。儒学是入世的,有和世界融合无间的需要。正如我前面已经提到的,儒家并不完全认同这个世界,但它要进入这个世界之中。表面上它的转世的能力比较弱。因为比较弱,就很难使得中国发展工业性的资本主义。中国的商业性的资本主义非常蓬勃，从宋代以来即是如此，西方学者也非常同意这一点。儒家在中国发展出来各种不同的理性，比如说官吏制度的理性、都市生活的理性、市场经济的理性，可是没有发展出工业资本主义，使得经济、政治和社会都有很大转化，这方面儒家的力量好像不太够。可是这个说法已经被证伪了，这是历史的证伪，不是我随便说的。受到儒家文化影响的地区，包括日本、韩国和越南，以及海外华人社会，日本学者曾提出所谓的"儒教文化圈"，是在现代文明发展史的过程中，也就是现代化的过程中，唯一的，至少在现代为止，唯一的西方世界之外现代化比较成功的地区。日本、台湾、新加坡、香港的现代化，现在中国大陆的现代化，都是有目共睹的。正因为如此，韦伯所说的儒家伦理和工业资本主义的形成，和现代化有矛盾，这个问题现在已经有完全不同的看法了。另外更值得注意的，我们正在讨论的，也是我所特别关切的课题是，到底儒家传统的人文精神资源有没有对现代性进行同情的了解和批评认识的可能？现代化造就了很多、很重要、很伟大的事业，但是现代化在今天也碰到了很大的困境。儒家所代表的传统文化到底能提供什么样的资源积极应对这种困境？这还需要进一步论证。刚刚王博已提到，如果要发展传统，不能只向外推，要对你自己的文化传统进行深刻的反思，要对文化中国地区，乃至对东亚文明地区实际的情况作进一步的了解，这是很正确的思路。儒家传统可以在东亚现代化中继续发挥积极的作用，但它本身也有消极的一面。从"五四"以来我们对儒家的阴暗面已经批评得非常深刻了，但是还要更加全面。另外，儒家有丰富的资源对于西方所代表的现代性所出现的弊病进行同情的了解和批评的认识。这个问题我想我们必须进一步来探讨。

范　曾：我们家乡的大学的校长，他是一位研究屈原的专家，他的著作很多，研究屈原很深入。那我想关于儒家，对于这个现代化，它是不是一个保守的势力？那完全是错误的理解。而且这个也是西方对中国的一个误解，这个误解的来源于什么？来源于他对中国的儒学缺乏深入的全面了解，尤其我们想，《大学》开宗明义就讲："大学之道在明明德，在亲民，在止于至善。"那么朱熹讲这个亲民，可以讲是一个新民。那么王阳明讲，不一定要新民，还是要亲民。那我想呢，中国儒家的那种"苟日新，日日新，又日新"，乃是一个不断的追求，它不保守。它敞开着胸怀，它希望能够日新月异，希望心灵是"活泼泼的"，这是我在王阳明哲学里经常看到的词，要有一个活跃的心灵。我想西方的哲学家和东方哲学家，尤其是20世纪以后，尤其到了今天，我想会有些不同，为什么不同呢？西方哲学和科学发展同步，有什么样的科学，它的哲学就走哪一步。到了20世纪，维特根斯坦讲，我们哲学家已无事可做。他为什么感到这样的哲学困惑呢？因为当时的量子力学发展，这个科学的发展，使他们感到我们哲学家所要做的事情，科学家都已经做了。那么中国的哲学，那种"致良知"思考了没有，最主要的是"吾性自足"做到没有，"思无邪"做到没有。这种要言不烦的，在黑格尔看来是平常的语言，这里面寄托着博大深厚，有无数非常重要的内涵。中国的哲学家不会说我们无事可做。

主持人：大家可能不知道，中央电视台的主持人，人称国嘴的朱军，现在也正师从范曾先生习画，那今天他一直在这儿聆听两位的对话。朱军，你有什么要说吗？

朱　军：不敢。首先感谢两位先生，听两位先生的对话受益匪浅。刚才前几位先生问了很多非常深奥的问题，我真的不敢问，因为在这儿有点心虚。如果非要让我问的话，我想从我刚才进门以前跟咱们北大的一个不知名的学生的几句对话开始。见到后，那位学生非常热情地认出了我，说你是朱军老师吗，我说是。他说你来做什么，我说我来听一个讲座。他说什么讲座，我说"天与人——儒学走向世界的前瞻"，是杜维明先生和范曾先生两位大师的讲座。这位学生听了以后说那挺好的，我说你怎么不去呀。他告诉我去不了没票，我说那如果我要带你去呢，他说我还有比这个更重要的事。我听到以后觉得很奇怪，我说还有什么比这个更重要的吗，他说因为这个话题是

中央电视台主持人朱军

你们这些吃饱了饭的人探讨的话题,对我这些还正在找饭吃的人离的挺远的。我想问问两位先生,你们对这位不知名的学生的这番谈话有什么样的看法?谢谢。

范　曾:我希望他能够早一点找到工作,不听我的讲话无所谓,目前他找工作很重要。

杜维明:我简单说一下,有些企业家一直在追求成功,但是成功之后是不是再不断地追求更大的成功?如果不追求再成功的话,他们追求什么?我想他们会探索人生的意义问题。这位年青的朋友现在有燃眉之急的事要做,王阳明讲"不患妨功,只患夺志",他不来听报告,把目前所有的精力集中在找工作是好的,但唯一的希望是他不只是为了找工作而找事情做。他要有长远的"志",比如说有培养他自己、发展他自己人格的意愿,只要有这个向上之基,那他花再多的时间做那些与生存相关但意义不大的事,也不会出现孟子所说的"自暴自弃"。

主持人：那今天我们的现场呢，其实也来了一些急着找饭吃的同学，他们当然也有更重要的事情做，但他们还是来听这个讲座了，来自中文系和历史系的北大的学生。那下面的时间呢，就交给他们，看谁有什么问题可以跟两位交流。来，这位小伙子。

学生A：我感觉今天是听到了我在北大——我是北大的一名学生——最好的一场讲座。听两位大师的这种非常深刻、非常睿智的思想交流，我很感动。我来自山东济宁，就是孔孟之乡，应该说从小受了一些孔孟思想的熏染。我有一个问题就是，因为我在学校学很多马克思主义理论，总是学我们的指导思想。我想因为今天的话题天与人肯定是关系我们这个国家、这个民族甚至整个人类的命运、发展的一些大问题。在我们国家经常讲一些什么大事情都讲指导思想，那我就想请问，我们这个儒学或者我们中华的民族精神，在这种指导思想中处于什么地位？它和其他的指导思想是什么关系？它和其他的指导思想这种博弈会是什么样的现象？谢谢。请两位先生分别回答。

范　曾：孔子的旗帜上写了一个"仁"字，这个"仁"字在《论语》里大概见了一百多次。他是针对不同的人来问仁，比如讲樊迟问仁他怎么回答，有子问仁他怎么回答。他这里面确切到社会生活中的人文道德，甚至于日常的生活，这个确实非常之大。仁呢，你叫我非常确切地谈孔子的"仁"的这个解释，那么我具体讲。还是王阳明讲的对，"思无邪"。因为孔子所有的回答都讲"仁者爱人"，这个仁，"我欲仁斯仁至矣"。我想做好事，这个好事到我身边来，这个做的容易不容易。

孔子第一弟子颜回说:"回也,(其心)三月不违仁,其余则日月至焉而已。"三个月能不违背仁,其余的学生差一点,几天来一次,一个月来一次。那么真正做到一个仁人,他要一生地做,而且一生地做,不持续地能够达到这样一个境界。有没有一次性成仁的呢?有。那需要你付出生命的代价,"杀生以成仁"。以自己的生命投注到你认为是重要的人类的事业上去,那你是仁人,你这次就进了一个仁人的殿堂。所以中国古人,有时候讲话,要言不烦。另外对他的理解,一定要有一个全面的理解。譬如孔子讲仁,又讲"其为人也孝悌,而好犯上者,鲜矣。不好犯上,而好作乱者,未之有也"。就讲这个人要孝顺,这也是孔子讲的仁。如果让全世界的人都知道,"不独亲其亲,不独子其子",能够"使老有所终、壮有所用、幼有所长",能够步入这样一个大同的境界,如果全世界都这样想的话,我想地球村会很美好。你说我们,我和杜维明先生,不能发明一个原子弹,像奥本海默,或

者像爱德华·泰勒造个氢弹。我们有很多的思维，这种思维呢，可能会产生一个爆炸、产生一个核变，这是我们所希望的。而我们所希望全世界能了解中国的，就是我们要把恢复儒学的真面。而这个真面是为世界人能接受，而且能真正地化为世界的现实。这个当然是一个宏大的愿望，需要无数知识分子做这个事情，你们，中国新一代的知识分子，同样有责无旁贷之职。

杜维明： 我就顺着范先生的思路提一点我的想法。在21世纪初期，地球村已经出现了，但是地球村不是一个和谐的世界，村里面的矛盾、冲突、歧视、抗争越来越严重，所以有继续发展的问题，有分配的问题，也有资源的问题，族群、性别、语言各方面的认同问题，这些问题错综复杂。很多思潮都对这些问题做出了积极的贡献。从儒家传统来看，正如范先生说的，"仁"代表的是一种比较全面性而且也比较深入的人文思潮。一般讲的人文思潮，有两个特点：第一个是对精神世界的排斥，比如从西方的启蒙所发展出来的人文思潮。因为它代表的是凡俗的人文主义，站在实证主义和科学理性的立场看，精神性的东西虚无缥缈，很不现实，没有客观价值。另一个是对自然的忽视甚至破坏。大家都知道，启蒙所发展出来的大传统主要是在讨论个人和社会的关系，对自然是不闻不问的。但儒家这个传统，是从自身出发，重视和天道自然的统一，是一个全面而整合的人文精神。当然，虽然它触及的课题很全面，但并不表示我们已经把它内部的复杂结构都想清楚想透了。在儒家传统里面，还没有出现像康德那样完整那样精细的系统，我们需要很多代的努力才可以完成这样的工作。我希望年轻的朋友

们有这个志向。对西方启蒙所创造出来的很多价值需要吸收,固然是没有疑问的,但是现在我认为,我们确实到临——像王博先生提到的——回到自己的传统、重新开发它的资源的新阶段。我们要以平时的态度对待传统,也就是不要把传统看得太深奥了,也不要把它看得肤泛了,它的很多糟粕我们必须批评,它的精华我们要努力去发掘。在这样一个心态之下,我们应以宽广的人文视域,让它充分展现最值得为世界各大精神文明参照的价值。面对21世纪,各种不同的思潮都在互相交流,基督教的、犹太教的、伊斯兰教的、印度教的、佛教的思潮,都在面对人类所碰到的存活问题做出他们的回应。当然还有各种不同的原住民的思潮,也在发挥很大的影响力。儒家是很多思潮中的一种,目前儒家可以说是"一阳来复"吧,才刚刚起步。我们提到的国学、儒学,目前都还有很大的争议性,都需要讨论再讨论。我想我们还需要经过一段长期的诠释工作，才能建立起对国学、儒学的全盘理解。这些问题我一直在思考，但思考得还不够，需要再深入下去。但我的一个信念是，儒家传统所代表的人文精神在文化中国有现实的价值，在21世纪人类所碰到的困境中也会发挥启迪的作用。

主持人：那边，好，稍等。

学生B：首先感谢两位先生非常精彩的对话，我是北京大学08级哲学系的研究生。我是听了两位先生的对话以后，对于儒学有一个更加深刻的理解。就是我在听的时候，有一个灵机一闪，突然想到《庄子·天下》中说到"道术将为天下裂"。两位先生在对话中提到康德、提到黑格尔、提到佛教、提到道家、提到儒家，我就想儒家或许认为"仁义"是最后的真实；然后佛家认为涅槃是最后的真实；康德或许认为道德是最后的真实；黑格尔认为绝对精神是最后的真实。我觉得以《齐物论》中的这种思想来看的话，庄子或许站在一个更高的层面去看，就是百家争鸣，"道术将为天下裂"。似乎每一家落实到它自身，就是在执行它持守的一个原则，或者它认为是真实的东西。那么在儒家，在这个就像我们今天的这个标题，"儒学走向世界的前瞻"这样一个过程中，怎样看待其他各家，或者说在这样一个大化流行的"道术将为天下裂"的过程中，儒家应当担当怎样的位置。谢谢！

范　曾：谈到庄子的《齐物论》，就是讲根据王夫之的《庄子解》，任何事物无所偶，没有殇子和彭祖的区别，没有偶，没有长和短的区别，没有古今区别。而对天地，庄子是完全取一个非常诗人的气质的语言，即"六合之外，圣人存而不论"。庄子一定不太赞成我和杜维明先生在这儿对话，"圣人存而不论"。可是你知道庄子的哲学思想有极大的贡献，对中国、尤其是中国的文艺。他求真，而这个真和儒家的良知之说，这个本真之性，是不会有矛盾的。你看《庄子》，你就会知道，他对画家离朱是多么的恨，对音乐家师旷是多么恨，要把他耳朵弄聋、要把他眼弄瞎手砍掉，他都极而言之。因为他们所创造的东西，他认为伪，他需要真的艺术。他听了韶乐，他感到美；他听到曾子"曳縰而歌《商颂》"，他感到美，他认为能够感动天地鬼神。这说明庄子表面上所反对的艺术，和他所真正追求的艺术能区别开。所以庄子很多次讲，成为我们艺术家崇拜的观念，我们甚至可以称庄子是中国的雅典娜，文艺之神。这点我想你回去再看看《庄子》，会有很多的趣味。

杜维明：我想做一个简短的回应。我认为庄子提供的不仅是认识论上的相对主义，也是修炼、养心的方法，它体现了一种人类最深层的自我理解。它破除各种不同的偏见、各种不同的虚伪、各种不同的浮躁，他所理解的真人和真实是通过"体知"而获得的。儒家学者，比如我的老师徐复观先生，即从庄子的艺术和文学的精神的提炼来体现对儒家深刻意义的睿智理解。一般我们认为，庄子常常在他的对话里面把孔子作为讽刺、讥笑的对象，譬如孔子的境界还没有颜回那么高之类。徐先生则认为，在《庄子》里几乎他所有提到关于孔子的，不管用什么方式，背后都是非常庄严地讨论一个人的精神锻炼和精神修炼的境界问题，所以《庄子》对我们的修身

《曾子曳縰而歌商頌》

第一次对话 「天人合一」的价值追求

养性是很有启发意义的。庄子提出的这个"道术为天下裂"是一种悲情,不只是他的客观描述,正因为"道术为天下裂",才有一些浮词泛语和偏见的出现,而它们必须彻底消解。我接受"多元",同时我认为"相对主义"在一定程度上值得参考。在某一个层次上采取"相对"的立场很重要,因为可以把很多不健康的"执着"打破。但是"多元"和"相对"不同的地方在什么呢?我举一个例子,如果看一个文本,比如看《庄子》,不可能说只有一种解释是权威的,因为有各种不同的解释都值得参考,也许有五种、有十种都有价值,但不能说有无数的解释,因为经过节选后,成千成万的解释都没有价值。如果我们认为每一个人都有自己的解释,只你有你的说法,我有我的说法,我有我的见解,你有你的见解,这个绝对不是庄子的观点。达到对文本深刻的认识,不只是一种方式,一定是"多元"的,但并不会有无数的可能。我们应该以多元的角度来认识庄子,把庄子当做我们整体中国文化的组成部分,而不只是道家和儒家的进一步发展的精神资源。这是我基本的认识。

主持人：好了，最后一个问题。给那边的小伙子。

学生C：两位前辈好，我是北大哲学系08级的本科生。我一直在想一个问题，是一个知行合一的问题，这也是儒家传统一直在强调的一个问题。刚才杜先生也提到"心学复兴"，还有范先生也提到"良知良能"，在当今社会中的作为。这好像给我们一种感觉就是，只要有了良知良能，我们就一定会使这个社会变得更好吗？就是说这个知行合一的问题，有时候我们知道了是什么东西，但是在行的时候会受到一些现实因素的干扰，而未必能去做。就比如说现在的哥本哈根大会上，很多国家，没有一个国家反对人应该去为气候变化负责任；但是在具体各国行动的时候，每个国家都会相互推诿，希望别的国家做出更多，这也就是知行合一的问题。而且王阳明先生关于知行合一的观点有特别独到之处。这里的疑惑就是，希望两位先生能解释一下，儒家的知行合一对当今这种知行不合有什么启示？好，谢谢。

范　曾：知行合一，按照王阳明的讲法呢，就是到你一念之动，已经开始行了。这个知是行的开始，你不讲那些所谓知而不行的，他并没有知。所以我想知行合一，是王阳明一个很重要的理论的核心。他还讲了很多的例子，你比如讲良知，使我们知道孝，实际上你这个一念，孝已经开始了。你认为应该忠君，这是良知，你说"忠"这个一念，忠已经开始了。所以讲知和行，在王阳明看来是不可有稍稍的分开的。而且我想我们每个人，如果讲良知，能真正练就了像明镜一样的心灵，能够心如明镜的时候，是非判断在我们心里就很清楚了。善也好、恶也好，都会经过我这面镜子，确信无疑地反映出来。那在世界会议上，谁真诚、谁虚心假意、谁想光得好处，如果讲王阳明的知，应该是对世界万物确信无疑的反射出来的一面镜子的话，那我们是可以很了然的。那么我相信，这个世界绝大多数国家，都会在哥本哈根会议上受到很多的教育。这次不是一次会议能解决的问题，这个世界的问题太复杂，再加上我又不是搞政治的，我就作为一个旁观者看到，真是举措为艰。每个国家的事情都举措为艰，可是我们总还是要"千里之行始于足下"，"百尺之台起于垒土"，我们应该做一些力所能及的小的工作。这些，我想我们可以做到。

杜维明： 您这问题非常难回答，我想我也没办法回答。但是顺着知行合一的观念我还是有自己的一些理解。知行合一就是知行本体是不能分隔，意念一动就是行为，不是说先知然后行，也不是说知难行易，刚刚范先生已经讲得非常透彻了。哥本哈根现在碰到的困难，是大家有目共睹的。可是我们需要了解一下在哥本哈根之前产生的京都协议的状况。当时京都协议碰到的困难更大，我1994年有幸参加了世界社会高峰会议，对那时候分裂的可怕情况有所目睹。现在人类所碰到的问题非常多，虽然诸如妇女的问题已提到议程上，但生态的问题还没有提到议程上。但是从某一个角度来看，哥本哈根是很大的进步，也就是说，各个不同的国家现在开始意识到问题的严重性。从阳明的立场来看，意识的本身即是一种行动，这种行动现在还很弱，并不能发挥极大的作用，但是下一步,它会越来就越有效。这种博弈会越为大家所关注,逐渐从完全分离的190多个国家,开始形成各种不同的区域力量,比如欧盟所代表的、或者东亚、或者是亚细亚、或者北美,慢慢会使得一种新的人类的共识出现。我另外举一个例子:经过15年的努力才刚刚成型的《地球宪章》。最近在北大召开了一次跟《地球宪章》有关系的研讨会,Lubbers(吕德·吕贝尔斯),曾经做过荷兰的总理12年,特别代表《地球宪章》来北京。从他们的反馈来看,《地球宪章》的观点几乎是各个不同的国家、地区和阶层都接受了。因为经过了15年的努力,上千人的介入,才形成这种共识。不要认为共识没有什么价值,共识是有塑造力的。假如没有《地球宪章》,要像哥本哈根这样,大家聚在一起,不仅190多个国家,还有几十个国家元首都出现了,这种场面是不可能的。但我前面说过,一个大悲剧还不能避免,就是时间没我们想象得那么多。没有那么长的时间,能够让大家慢慢来讨论。因为这个博弈的过程太艰难、太

杜维明先生与荷兰前总理吕贝尔斯教授

漫长，也就是我们越来越觉得应该行动了。但实际上因为各种不同的因素，政治、制度、经济、社会、心灵的积习，所有这些力量的互相纠结，结果是我们越来越了解应该如何做，却越来越觉得无能为力了。

另外呢，我有一个期待，特别是对年轻人的期待，现在年纪越轻的人，对于生态环保的要求越强，而且他们的理解越深厚，由他们来推动，可能还是有很大的希望。这和王阳明所谈的"知"的本身就是"行"有密切的关系，环保理念就是意识的提高。意识的提高本身就是一种行动，所以我觉得王阳明的知行合一在今天还是很有启发的。

主持人：好。今天杜维明先生和范曾先生，从东西方文化的多维视角，为我们诠释了儒家思想的博大精深。其实两千多年来，儒家思想和中国文化，还有世界各国的文化交融贯通，一直影响着社会的发展，也回应着各种各样的挑战。再次感谢两位先生，也感谢各位嘉宾的参与！谢谢观众的收看！下次节目再见！

· 第二次对话 ·

阳明"心学"与儒学的未来

主持人：大家好，欢迎走进中华文明大讲堂。今天让我们继续聆听杜维明先生和范曾先生关于儒学的对话。在当今这个全球化的时代，不同文明之间的对话越来越频繁，而儒学提倡"礼之用，和为贵"，以及"和而不同"的智慧，这似乎为不同文明之间的对话提供了一种思路。杜维明先生学贯中西，一直致力于反思西方现代性，发掘儒家的思想资源，使得儒家思想成为与西方文明对话的普世价值；范先生是国画大师，博古通今，有深厚的中国文化的功底，同时对西方的文化也是颇有见识。两位先生的对话可以说是智者的对话，也可以说是另一种"和而不同"的文化交流。现在让我们用热烈的掌声欢迎两位先生，谢谢。今天在台下就坐的还有北京大学和清华大学的知名学者教授，待会儿他们也有机会参与到对话当中来。另外还有北京大学哲学系、中文系等各个院系的同学们，他们也会有机会和我们的嘉宾进行现场互动，现在我们就把时间交给杜先生和范先生。两位先生请。

一、 王阳明心学"为己之学"的大愿:"人能弘道"

范　曾: 我曾经问过一个妇科名医,我说一个小孩闷在肚子里14个月才生下来,有没有这样的奇迹?他说一般这个是死胎,另外可能就是个怪物。不幸而言中,王阳明在他母亲郑氏的肚子里14个月。有一天,他的祖母岑氏做了个梦,梦中一个仙人奏着乐浮着祥云捧着一个孩子来了。岑氏一觉醒了,正好这时王阳明生下来了。这个死亡体验,王阳明本人不知道,可是他在生死关走过一趟。这小孩果然是怪物,五六年不会说话,他这14个月的胎生儿所具对他今后的素质会有影响。另一次死亡体验就是在贵阳修文县龙场悟道之时,朝廷里宦官刘瑾为人歹毒,一定要置他于死地。王阳明做了一口棺材,放在身边,然后沉思。结果他悟道了,他欢喜腾跃,像发了神经病一样。可见死亡体验对于一个人思想裂变的作用。王阳明的癫狂宛如发疯的样子,有点像尼采。尼采往往是在两次发疯之间写出哲学的杰作,譬如他的《查拉图斯特拉如是说》,就是在两次发疯之间写出的。我想王阳明或尼采之发狂和真的神经病还不太一样,是一种思想的裂变,在这个过程里去掉了很多东西,留存了一些东西,还生发了一些东西。这种神经病者在医学上目前还不太清楚。龙场悟道既是王阳明的死亡体验,又是他的精神裂变、升华。王阳明的两次死亡体验,造就了一个不朽的王阳明。我想这可能有点道理,我不知道杜先生有什么看法。

杜维明: 范先生提到了体验在思想创造中的重要性,我非常认同。王阳明曾经说他的学问是从百死千难中得来的,的确,他的几个重要的思想,每一项都得来不易。譬如说"知行合一"的观念,当时他相

《王阳明先生造像》

信远离尘世会帮助他在修行上达到更高的境界，但他一直不能忘怀抚养他长大的祖母，就像前面说到的那样，有了这个真正的体验以后，他就选择了回到凡俗的世界，开始真正进入政治、经济、社会等各个方面的磨炼中去。所以他后来提出"事上磨炼"的观点，这种对磨炼的体验可以说是阳明的学问得以深入的基础。这个经历和孔子在《论语》里面所谈到的"为己之学"密切相关，也就是说，学问是为了自己。这句话不容易理解，一般我们认为儒家的学问是利他的，儒家关注人伦日用的社会伦理，并且总是强调"为人民服务"。但是孔子说"为己"有非常深层的意思，他认为学问的根基不是吸收知识，不是了解外在的世界，而是培养人格、培养自己内在的精神资源。儒学就是这样一种培养身心性命之学。阳明通过这种为己之学的修炼，积累了非常多的精神资源。他在经过百死千难以后，认为每一个人心中都有一个方向性的指导，这就是良知。对于这个方向性的指导的了解过程，也就是"识其大体"。阳明常常鼓励人要先"立志"，只有在"识其大体"的基础上建立某种"志"后，才能发展我们的人格。这个基础就是自我精神的挺立，让自己的人格培养获得一个内在的基础，而不是一开始就把"学"的目的定位在他人、国家、社会。一心放在外在的目标上，只会导致人之为人基础的丧失以及人格的扭曲。这种"为己之学"，以往常被人误解成个人中心主义，这是一个很大的错误。因为"己"在阳明的思想中，在心学、儒家的传统中，处于整个社会网络的中心点。一方面，个人的道德主体性、个人的身心性命是很值得肯定和有待发展的重要伦理资源；另一方面，我们必须看到，这种主体性的观念正好和主观性相反，个人作为关系网络的中心点，不可能作为一个孤岛存在于社会中，不可能完全按照自己的主观意愿来发展自身。所以"为己之学"实际上既有"成己"的一面，又有"成物"的一面。王阳明后期最重要的观念是"致良知"。"致良知"的观念，他说"是从百死千难中得来"，其实最难的就是"致良知"那个"致"的悟得。他之前也提到良知，但这个"致"，他却总讲不出来，一旦道破之后，便有"洞见全体，真是痛快"的感觉，以前种种假面、牵缠、回护，到此一起斩断，后面的观点有如决堤江河，马上就能够发展出来。这也是和王阳明的切身体验息息相关的。

因为王阳明曾经带兵平乱，曾经经历所谓的剿匪，所以有人说王阳明的思想是分裂的。一方面，他讲尽心、讲个人的修养；另一方面，又在实际的军事行为中作了一些大家不能理解的行为。对于这个问题，我们一方面要了解到明代中期的匪乱是一个典型的社会问题，要理解到王阳明所面临的社会责任；另一方面我们也不能回避王阳明采取军事行动平乱的事实。王阳明在平乱的时候，也一直有一大批学生跟着他。有一次请学生吃饭时，他说，其实诸君对我有很大的启发。大家觉得非常惊讶。他解释道，我在平乱时，每一次不管做了什么事情，我总问自己，到底我回来面对诸君时是不是能感到心安？如果感觉心安，我就做，如果感觉不到心安，我就不做。所以王阳明对于自己的行为以及驱动行为发生的每一刻细微的心灵动机都有深刻的反思。正是这种对自身内部的心灵的深刻体验使他成为伟大的思想家。同时，王阳明思想的深刻内在性，并不妨碍他对外在的世界的关注。内外两方面的齐头并进，使得王阳明成为中国最重要的思想家，甚至是最杰出的思想家。

王学以后的发展波澜壮阔,有很大的魅力和影响,不仅在中国成为显学,也影响到日本及其他所谓的儒教文化圈的地方。比如在日本,如果没有王阳明的心学,日本的现代化进程都可能受到影响。所以,心学的重要性不可小觑。

范　曾:对王阳明思维的生成,刚才杜先生讲得很清楚了,他的"合内外之学"应该是龙场顿悟之后,他彻底悟到这一点,而他过去却一直不能够达到这种境界,因为他早年非常推崇朱子。他曾经和一个姓钱的学生,称钱子或者钱生,做格物之试验,对着竹"格"。什么叫"格"呢?"格"者正也,探求也。钱子坐在那里"格"了三天,"格"病了,后来王阳明讲你还是耐力不够,没"格"到。王阳明"格"了七天,结果王阳明也病了。这对王阳明是个教育,这种探究之法是内外不合一,

不能够达到合内外之知。当他龙场彻悟，真正地悟到与万物一体，心外无物、物外无心的时候，又一次和一个学生游南镇，看见山野里花开了。学生讲花自己在山里就这样开了，你怎么说它不在心外呢？王阳明说，当我没看见这个花的时候，我和花都归于"寂"，当我看到这花的时候，花的颜色渐渐明白起来了，这就说明花不在心外。他讲的这个例子很值得我们深思。王阳明所理解的"为己之学"，它的根本目的是什么？是利他。他对《四书》里面的《大学》、《中庸》曾非常透彻地做过解释。致知，然后格物，然后知至，然后意诚，然后心正，这五点是指内心之修为；然后身修，然后家齐，然后国治，然后天下平，这四点则是为己之学的目的。前面五个可以讲是个人的内心修为，内心修为和济世是一体的。王阳明为什么对内圣外王之说那么重视呢？就是既要有深层的体内感悟，又决不会忘怀身在世事之中。而不是像仙家，求其养生；佛家视心是幻象，他不赞成这个。王阳明内圣外王之学，可验于他在平江西、湖南的土匪的作为之中。我昨天谈到，王阳明他关注社会，连小学的教育他都关注，他是多么希望有能够治国平天下的人啊！"内圣外王"这个词，我们见于《庄子·天下》篇，《天下》篇我肯定说这不是庄子写的。我想郭象所选《庄子》三十三篇，以郭象的眼力绝对知道，有几篇不是庄子写的，比如《说剑》、《天下》，可是他收进来了，《说剑》大悖道家之学，郭象选之，令人不解；而《天下》篇却很能反映庄子的思想。其实《天下》篇里面讲"内圣外王"的时候，他并没有讲它不好，他仅仅讲末流的儒家使此说"暗而不明，郁而不发"。如果讲能使"内圣外王"得到彰明、得到发扬，那庄子也不会批评。我不知道杜先生，你对此有何高见？

杜维明：您的提法对我有很大的启发。王阳明很注重内心的修炼，但他不是主观主义，他代表的是深层的主体性。当然，王阳明承继了孟子，也花了很多的功夫来了解程颢。孟子讲"万物皆备于我"，程颢提到以"天下万物为一体"，王阳明对于这个观念是"体之于身"，就是说确实是付诸实践的。王阳明一方面掌握了很多的精神的资源，这是他的自得之趣，是真正的"为己之学"，他是为了自己，为了发展他的人格。因为只有发展、完成自身的人格才能够真正地利他。另一方面，他所了解的自我和外面的世界是紧密相连的。因为跟外面的世界是紧密相连的，所以他的自我才具有更深层的主体性。因为同时持有对自我的了解和与外界的深层关联，所以阳明心学就不是一种封闭的特殊主义，或者说主观主义，而是把人理解成一个和外界有密切的关系的、开放的、有深层的反思能力的主体。实际上，王阳明的思想或多或少源自孟子的民本思想。民本思想是从同情心出发，认为整个外在的世界不只向某些人展开，而是向所有的人，包括最无依无靠的一批人展开。从这点看来，王阳明不是一个孤立封闭的学者。此外，他从事的思想工作也的确是有成绩的，也就是说他在接续从孔子、孟子、程颢到陆象山的道统上做出了贡献。这是他的使命感的体现，也体现了他的思想认同。另外，他的"致良知"，不只是在人伦日用之间展开，"致良知"的过程还涵盖了天地，所以他说"与天地万物为一体"。"与天地万物为一体"不是一种神秘主义，因为我们每个人的心和天地万物都有一种实在的联系。我们曾提到，我们不可能想象心灵和天地万物没有任何关联。即使是遥远的行星，只要我们意识到，它就存在，只要我们意识到，它就和我们有关联。所以王阳明

举了"山中观花"的例子,他认为,花被人看到和不被人看到,这之间是有区别的。但是这又不像Berkeley(贝克莱)所谓的"存在即被感知",不是说只有能够被感知的才存在。王阳明不是这一套思维,他认为良知本身是活泼泼地与天地万物连在一起的。这是"良知"的超越性的一面,但这超越的一面和内在的体悟并不冲突。个人的为己之学、身心修炼,同时和外在的世界,乃至所有的人、物都有密切的关系。"仁者与天地万物为一体",这种观念和我们今天所讨论的生态的观念、人和自然应该有一种持久的和谐的关系的观念完全相配。这种深具强烈的历史感和超越感的主体性,代表着一种非常全面的人文思想。这种人文思想一直是中国哲学界、也是中国文化界一个非常值得我们重视的传统。这个重视体证的传统和西方特别突出理性的传统有所不同。我们不说是哪一种更重要,或者是哪一种比较有优势,我们只是说不同。在儒家的传统里面,心学比较重视同情、重视联系、重视关怀、重

《范仲淹与渔父》

视责任、重视整个社会群体之间的和谐。这和西方推崇强烈的个人主义,以理性之光来照耀世界,只有将知识向外推,黑暗才逐渐地被消除的想法不太一致。但是我们可以对话,可以在最核心的价值层面上进行对话。不要认为我们的传统资源已经过时了,不要轻易地认为我们的传统是一个和现代精神,特别是和科学精神不符合的一种神秘主义。我觉得在传统与现代之间、中国与西方之间进行的对话,在平等互惠的基础上进行的东西文明的对话,应该可以为我们的文化创造一个新的天地。

范　曾:我觉得杜先生讲的非常好,学问一事,只有好坏之别,没有唯物、唯心之别,没有新、旧之别。它倘若好,不管多少年以前的,它还是好。学问不是因为"新"了,我们就讲它好。如果它真的好了,新就在其中,它本身会包含思维所要求的"苟日新,日日新,又日新"。我觉得中国的知识分子,尤其是宋、明以来的知识分子,肩膀上所担待的道义,他时时都会想到。从北宋的范仲淹、胡瑗、张载、程颢、程颐、周敦颐,到南宋的朱熹、陈亮,以至于到明代的王阳明,他们内心都有一个治国平天下的大愿。而这个治国平天下的大愿,从内圣的修为"为己"开始,最后达到的终极目标是"利他"。这种正义感,我认为是宋儒和明儒所共有的。就拿一个张载来说,张载和我先祖还有关系。范仲淹当时在打西夏,打西夏和王阳明打湖南、江西的土匪也是一回事,因为西夏骚扰中原农耕社会。张载带着一群年轻豪俊去找范仲淹雄谈阔论。范仲淹看他很有思想,可是带兵是另外一回事,带兵有很多不是书本上得到的。范仲淹讲,你张载还是回去读书,怕他成为赵奢的儿子赵括纸上谈兵。范仲淹的这次劝说,使中国少了一个赳赳武夫，多了一个伟大的哲学家。其实，张横渠讲"为天地立心，为生民立命，为往圣继绝学，为万世开太平"，这个抱负是宋代的理学家所共有的。为什么范仲淹"先天下之忧而忧，后天下之乐而乐"会成为一个千古的名言？今天所有的人都认为是至理，我想这是非常有道理的。把王阳明的学问说成是主观唯心主义，那是荒诞可笑的。他没有一处不是由于自己的修为，而达到一个济世的目的。他提出了"大公"，提出了"无私"，你们可以从王阳明的书上经常读到大公、无私。私念一动，良知会在这点泯灭；私心之动，你的错误之行就开始了。行和知是没有间断的，是没有区别的，它是知行合一的。王阳明就认为，念只一动，行就开始。知是行之始，行是知之果。在谈到性善性恶的问题时，王阳明主"致良知"之说。他首先充分地认定孟子所说的"根本善"，在认知孟子说的不学而能是为良能、不虑而知是为良知的前提下，王阳明进一步阐明了"致良知"，"致"一字，不光是达到的问题，而是使这个良知能够发扬之。宛如孟子讲的，所谓要集义、要养气，王阳明是最好地承继了中国传统学说的精华而发扬光大之人。而且他更重视使内在的深思和广大的同情了无间隔地结合起来。这是一个多么了不起的人格的力量，是一种不朽的精神的力量。

杜维明：是的，我觉得可以从王阳明的思想出发重新回顾中国早期的传统。从孟子以来，就没有把身和心分成完全不相管束的两方面，因此中国传统里没有绝对唯心或唯物的观点。我完全赞成您的说法，同时认为精神的和物质的也是联合在一起的。所以王阳明在考虑知行合一的时候，认为知本身是一个决断的行为。我们如

果在内心决定要做什么,假如这个决定是真的,这个决定的本身就是行为。如果说决定要"孝",但是我没有行孝,从这个角度来看,就表明当时这种意愿本身不够真诚。念的本身不是静态的,而是动态的。甚至观察,也不是只对外在的事物做静态的把握,而是一种体悟。这个体悟的本身也改变了一个人的包括知识和修养、内心的价值等层面的内容。从这条思路发展出来的心学,是将心灵与身体、家庭、社会、国家乃至所有的存在者联系在一个生命共同体中。"致良知"的"致",和孟子所说的"推己及人"的"推"有密切的关系。假如良知只是内在的,像灵光一样,能够偶尔表露出来,但不能持之以恒,这良知是不够的。比如说,有些人的良知的闪现只是很短的片刻,之后就泯灭了,等到另外一些外在的事情的出现,它才又有所反映。而王阳明重视的是良知良能随时随地的存在,它与世界其他事物的关联不是内在意识对外部实在的机械反映,而是与世界的一切处在一种本质的恒常的关联中。您是一个艺术大家,特别是在您作画的时候,可能经常会有和天地万物融合无间的体知,绝不会把您所表现的事物当作外部对象。这让我想到西方的Martin Buber(布伯),他谈到过一种"我和你"的关系。但是他用的这个你,是西方所谓的Thou,和通常所谓的you有所不同。这就是说,对话不是针对一个外在对象,而是两个人内部体证的交流,这是一种真正深层的对话。这种对话,首先要能够互相容忍,有了容忍才可能互相承认彼此的存在。但是容忍只是对话谈天的最基本的要求,像巴勒斯坦和以色列,现在已经开始承认彼此的存在,达到了容忍的阶段。但这是不够的,还要能够互相尊重。有了尊重以后,才能互相参照,然后才能互相学习,那么最后到达的是对于"他者"表示完全的尊重,不再把他者当作外物。所以说,真正有效的对话大概不是利用机会来用自己的观点说服对方,或者利用时机来辩解对方可能对我的误解;真正对话的目的是尊重和理解他者,并同时促进自我反思和自我认识。要达到这样的目的,就需要一方面培养自己的听德,一种需要内在修炼的本领;除此之外,还要扩展我们的视野,增加自我反思的能力。所以,如果用马丁·布伯的观点来看,王阳明所作的正是一种广泛意义上的对话,既和任何别人对话,同时也和天地万物有一种深层的对话。所以说,良知一方面是道德主体非常深刻的自我认同,同时又与天地万物有着内在的普遍的关联。

范　曾:讲的好,我完全欣赏杜先生的这个思维。我想王阳明先生不仅讲和有生命的同体,和没有生命的也同体。这个我可以举两个例子说明之。有一次我客次山东,有一个地方修高速公路。修高速公路要经过一个村,这个村村口有一棵大槐树。这棵大槐树经过村民商量,要把它锯了卖劈柴。可这槐树多少年了?1200年唐槐!当时这个唐槐并不甚美,就是两个硕大无朋的杈。农民以为这不过是老树枯干,卖劈柴也不乏是一种收入。我知道了以后,立刻派人把这个生命抢救下来。我说要多少钱,他们说两千块。我就买下来了,运到北京运费可不止两千块,运到北京后我请了一位林业部副部长到我家来。他是专家,他说树栽植的方向极其重要,1200年中它这个面对着阳光,这个面背着阳光,你如果反其道的话,这棵树要死。好,我就按照这个林业部副部长讲的,挖多深,先加什么肥,后加什么水。对这棵树我完全倾注了对生灵的爱心。这棵树五年以来欣欣向荣,草木有情啊。

它的新干都碗口这么粗了。繁茂之极,绿荫蔽空,两个人合围都抱不住。它的每小枝上面长的嫩叶,都是挺挺的,它有着报恩的思想。我再讲,砖石瓦砾难道无情吗?有情。我在日本也好,在德国也好,看他们二次世界大战废墟上建起的那些大的建筑要把这个废墟被炸烂的石头镶嵌在里面。这个石块有了生命,它和我的心灵是一体——反战。它本来是好好的建筑在那,你把它炸成碎片,这对它完美的形体是一种无情的蹂躏。今天这个碎片也能告诉我们很多的故事。我想王阳明是个思想特别活泼泼的人,绝对不封闭的人,他把自己的身心和宇宙万有连为一体,了无间隔。但凡有了隔就不行,就像画画一样,这张画在人民大会堂(范指:讲台上作背景的《唐人诗意》大画),它比《江山如此多娇》的面积仅仅小一点点。《江山如此多娇》关山月和傅抱石两个人花了三个月,我这幅画只用了两天半。也许会有人讲人家两个画家那么认真,你这个范曾岂不是潦草,我想不是。当我画这幅画时,我的身心在自然之中,我和自然一体,我和唐人对话,和天地万物对话。有人问我《唐人诗意》是哪一首诗?我说你不要胶柱鼓瑟、刻舟求剑,哪里一定是哪一首诗啊?唐人有这样的诗

《唐人诗意图》

意,他与天地精神相往还,就是艺术本体所需要的。我是70岁老头了,画这幅作品时已是71岁,是在去年。当时我上窜下跳,有人还要来扶我,我坚决不让扶,因为我当时快乐,没有比沉浸于艺术更快乐更重要的事了。为什么快乐?我感到这个时候,就像杜先生刚才讲的,一定和天地相融化。正如王国维在《人间词话》里所讲,达到无我之境,"不知何者为我,何者为物"。我想艺术、哲学、文学都是相通的。

二、儒学走向世界的前瞻

杜维明:范先生所描述的这种境界非常难得。我觉得大家能看到这幅大画也应该感到非常幸运,这让我们能够真正了解范先生的气度。我觉得这幅画作和您的艺术体验是融合无间的。这就像孔子说"七十而从心所欲不逾矩",到了很高的境界以后,应该做的和实际做的就能自然地达到泯合无间,当然,这种境界的获得是因为

您体验到了和自然的融合。在考虑到我们和自然的关系时,我想把西方近代以来的观点和儒家传统中的观点做一个对比。启蒙运动是近代西方最伟大的思想传统,从17世纪开始,甚至更早的启蒙思想家,其实受到了儒家的影响。当时重要的思想家,像伏尔泰、莱布尼茨、Quesnay(魁奈)都是如此,在魁奈的家里面,还有孔子的像,这些人确实受到儒家的影响。他们认为儒家能够在一个没有上帝的社会建立起秩序,同时也不缺乏社会的理性、观念制度的理性、人与人之间的理性,所以他们非常欣赏。但是西方在19世纪以后,工业化进程加速,科学技术和民主政治发展得越来越好,逐渐形成了所谓的"人类中心主义"。科学成为一种工具性的理性,启蒙以来的文化传统与自然之间表现出越来越明显的分裂。培根的观点在后来不断被扩大化,他曾经认为人通过科学就能够认识自然、控制自然,并且能够利用自然。于是人们在盲目乐观的控制和利用自然的过程中,不知不觉地破坏了自然。现在这种思维模式造成了越来越多的环境问题,甚至严重影响到人们的生存条件,遭到了大部分人的反对。现在的《地球宪章》(Earth Charter),就是试图重新建构人和自然的关系。在《地球宪章》的理念最初形成的过程中,我参与了讨论,并且向他们介绍了儒家心学的观念,特别是王阳明的观念,也就是前面我和范先生谈到的一种深层的"心"的对话的观念。我们应该和自然展开"我与你"似的对话,对人和自然的关系应该有一个新的认识,不要把自然当做外物,当做一个客观事物的集合体,更不应该把它当成控制、利用和破坏的对象。我们现在已经知道,自然界中,不管是矿物、植物、动物,还是土壤、水源,乃至于空气,状况都非常糟糕。哥本哈根的讨

第二次对话 —— 阳明「心学」与儒学的未来

论表明，我们现在想要改变这些境况非常困难。很多人甚至不愿意做出改变，这背后隐含着各种政治、经济、社会方面的原因，但我觉得最严峻的还是心灵、态度层面的原因。我们总是在追求物欲的满足和生活条件的改进，我们总是说先发展经济，再保护环境。但我们可能没有认识到，目前生态环境的困境，是启蒙运动以来错误地定位了人和自然的关系的结果。启蒙运动带给我们很多了不起的价值和理念，像理性、自由、民主、法治、人权这些都已经被全人类公认的普世的价值，但是这些价值如果不能和我们的天地、自然取得和谐，建立一种真正的对话关系，那么，我们始终只能局限在个人和社会的关系中，而不能去了解和设计更宽广的天地，人类文明只会越来越局限在庸俗的人类中心主义和肤浅的科学主义中。我们现在把科学等同于技术，等同于宰制自然、社会甚至宰制心灵的工具，这是极其错误的，这不是古希腊哲学中真正的科学精神、不是追求智慧、追求真理应有的态度。面对人类的困

《杜维明先生访谈录》书影

境,我们应该进一步地反思我们能做些什么。您刚刚提到您个人的经验,提到您在绘画时那种和自然浑合无间的心态,那就是和自然没有距离的对话,我们虽然不会作画,但都应该用这样的态度和自然"对话"。

范　曾：谢谢,谢谢。谈到人和自然,庄子、老子都谈。你比如讲,庄子在好像是在《胠箧》谈到古代有一个氏族族长叫赫胥氏,这个赫胥氏之民和鸟兽、草木同在,"含哺而熙,鼓腹而游",很快乐,迷不（知）所向,庄子认为这是大道的所在。昨天陈先生讲道："天地不仁,以万物为刍狗。"这句话我的理解是,在老子看来有,是因为大道废了以后才有仁义的,因此天地"不仁",这说明天地是大道的所在。"以万物为刍狗",是讲万物像草和狗,它们都生活得很快乐。这个是老子的本意，而不是讲天地不好。我们今天为什么要追求"大道之行也，天下为公"呢？为什么要"和而不同"呢？我本想哥本哈根会议应该是一个最大规模的、有空前成果的、"和而不同"的会议。和什么呢？地球出大问题了，地球快完蛋了。你别以为二三十年有多遥远，二三十年在宇宙生命史上，瞬间而已。你可以问问天体物理学家，他们对时间都以几亿年、几十亿年、几百亿年来计算的。这几十年，人类还不和吗？不同在什么地方呢？不同在有发展中国家、有发达国家，在这个会议上，每一种类型的国家都应该反躬自省。发达国家应该想到，它在这个发展的二三百年里给全球所造成的危害，当然是它所积累的、所遗存的；发展中国家，我认为也应该考虑到，我们是不是承担着一定的责任？在这方面，我想中国做出了很好的榜样，准备在2020年把污染减少40%到45%。结果呢，美国总统奥巴马在刚刚访华时还挺友好的，结果说变就变，声色俱厉地在哥本哈根大会上讲，现在主要的污染来自中国，我们不会把钱给中国，中国有钱。一个字，"俗"，俗透！中国哪里想要你的钱？中国很清楚，美国给一些不发达国家钱，也不是慈济事业，而是联合国宪章规定了的，是法律规定了的，要执行，是须言而有信的。王阳明特别强调"诚信"二字，"意诚心正"，这个难道不是处理国际问题很重要的原则吗？对这次哥本哈根大会，我已不抱太大希望。当然我不是政治家，作为艺术家，可以在旁边评论。

杜维明：我觉得哥本哈根会议的难得之处在于，这是第一次各个不同的国家、区域的领袖聚在一个地方来考虑一个问题。这至少是联合国设立以来很少见的一个现象。以前只有经济会议是大家关注和博

弈的重心，不大可能有关于社会问题的高峰会议。在这次会议中，各种争论的背后有着种种国家利益的较量。我曾经和一位美国政治家谈到，什么时候美国可以突破国家利益。虽然他是一位具有宽广的国际视野的政治家，而且对人类文明的前途也很关注，但他沉默了很长时间后说，能够考虑国家利益就够不错了，跳出国家利益基本上很难。因为美国的政治完全属于地方政治，All politics are local，所以美国在国家这个层面上进行利益协调已经很困难，更不要说超出国家利益。但是，从中国这方面来看，中国的传统文化中有很多难得的资源，像"天下为公"的观念就一再被强调。"天下"的观念不是世界上任何国家都能接受的，它不仅突破了个人中心主义和狭隘的家族主义，而且也突破了狭隘的国家利益。所以我觉得，我们应该借用儒家的思想资源，突破个人主义、家族主义乃至狭隘的民族主义和人类中心主义，多关注人类的共同问题，像保护自然的问题，而不是仅仅盯着GDP增长8%还是9%。王阳明有个弟子叫做王艮，他提出过一种看法，他认为如果从我们的形身来看，我们是父母所生，那么父母就是我们最应该尊崇的对象，所以"父母为天地"；如果从我们的化身来看，我们是天地造化的结果，那么我们又是生自天地，所以"天地为父母"。如果在这次哥本哈根会议上，大家都能摈弃各自狭隘的利益，对彼此多一些理解，对自然多一份感情，我想结果可能理想得多。当然，这次作为"金砖四国"之一的巴西，它的态度值得其他国家学习。巴西总统宣布，到2020年森林砍伐将减少80%。这不是国际上的要求，而是他们主动提出的。我觉得我们所有的国家，特别是那些高度发达的国家应该向巴西学习。高度发达的国家过分的私欲蒙蔽了它们的心灵，这种私欲和政治结构纠缠在一起，带来很多不利的影响。可喜的是，现在的年轻人对生态问题的看法比我们这一代人深刻，也愿意付出更多的努力。中国的科学家、美国的很多民间组织正在提出他们的看法，他们的力量现在也越来越大，给政府决策形成一定的压力，能够发挥一些积极的作用。当然，所有这些都起始于人心的变化，人心的变化是最终的基础。

范　曾：对。

杜维明：我们是不是让大家发言了。

范　曾：好像我们已经讲了一个半钟头了。

学术互动

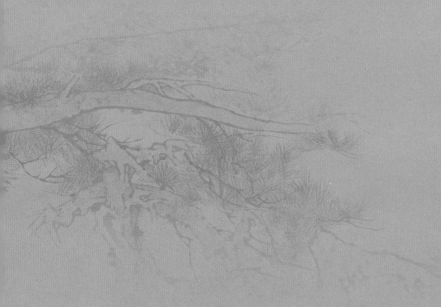

天与人

儒学走向世界的前瞻

杜维明 范曾 对话

主持人：非常感谢二位先生。今天现场有来自北京大学和清华大学的知名学者和教授，希望各位可以参与到对话中来。首先给大家介绍一下中国美术家协会会员、北京大学哲学系的杨辛教授。杨教授，不知道刚才的对话，您有什么评论想要发表吗？

杨　辛：今天听到这段对话很受启发。我从事美学研究，天人合一的这种观点，我非常赞同。范曾先生这幅画给我的第一个感觉是很刚健；第二个感觉是很开阔，充满了生命的活力。这幅画既表现了宇宙万物的生命活力，你看仙鹤飞翔，充满了生命活力；也表现了范曾先生心灵中的生命活力。范曾先生追求的艺术境界，就是一种天人合一的境界。我作为一位学员，今天来这里学到了很多东西，非常感谢！

北京大学杨辛教授

范　曾：谢谢。

主持人：谢谢杨教授。清华大学国学研究院的院长，也是中国哲学方面的专家，陈来教授也在现场。陈教授，也很期待您参与到今天的对话中来。

陈　来：杜先生好，范先生好。我想从刚才两位谈的第一个问题，再说两句我自己的感受吧。范先生从龙场悟道讲到关于死亡体验的问题，杜先生也提到了阳明提出的"致良知"是从"百死千难"中得来。这个问题还是蛮有意思的，我们做阳明学研究的学者也都知道这些事例。关于生死的问题，范先生叫做死亡体验，我想从阳明来讲，用佛教的话语来讲，就是生死观的问题。人要破除各种各样的关，一般认为最终极的一关就是生死观。生死观代表人觉悟的最高的一个程度和阶段。这就带给我们一个新的问题，阳明学龙场悟道的过程中，有关于生死的体验，跟他道德主体的彻底觉悟，到底孰先孰后？谁是更终极的？历史记载对"龙场悟道"的记载是"忽中夜大悟格物致知之旨"，也就是刚才范先生讲的王阳明得到悟道的体验后雀跃欢呼。关于体验的内容，大家都知道是"吾性自足"，也就是体验到从前向外格物是错的，并且具有了一种道德主体的觉悟。可是正像范先生所讲的，它其实还有一个前奏。就是说，它不是一个孤立的、独立的道德体验，或者是主体的觉悟，它是先由一个生死体验演进而来，或者说由此逼发出来的。余英

清华大学陈来教授

时先生前几年讲宋明儒学的政治文化,他就很强调龙场悟道的政治的层面。政治层面中,刘瑾对阳明追杀,这种生死的威胁,确实是影响阳明观念变化的一方面因素,但是我想政治的问题属于个别事件,实际上阳明在考虑生死的问题的时候,已经从个别的刘瑾的威胁上升到对一般的生死问题的思考。所以龙场悟道应该是两个阶段,第一个阶段是对生死怎么样看待。我们知道在龙场悟道之前,王阳明和湛甘泉对自得之学都已经有了共同的体验和认同,但是就圣学的境界而言,还没有达到很高的水平。但是,在遭遇刘瑾的追杀,并且阳明最后豁出去,看淡了生死之后,反而使他对圣学的境界有了新的体悟,所以过了几个月,才真正达到龙场悟道。"致良知"的问题也是如此,提出这个观点时,他已经差不多50岁了,可能这个时候他的生死体验更强烈一些。我在这里把范先生的死亡体验转换成"生死体验"的概念,也就是说在长时期的死亡威胁下的特殊体验。在这段时间里,刘瑾虽然死了,但又有其他的太监来了。张忠、许泰护着武宗南巡,要王阳明把抓到的朱宸濠释放到鄱阳湖去,让皇帝再抓他一次。王阳明当然不能这样做,因为这可能意味着另一次战争,会造成更多的生灵涂炭,所以他坚持不把朱宸濠交给张忠、许泰。于是,张忠、许泰就陷害他跟朱宸濠勾结。这是灭九族的罪名,所以"百死千难"指的是这个时期别人对他的一系列陷害。这个政治上的陷害,不仅仅涉及一人的生死,而且涉及整个九族的生死,这个生死的考验,经历了相当长的时间。最后,他把朱宸濠交给张永,后来在南京献俘,可以说做了一定的妥协。这次事件历时将近一年,战场上的生死是一瞬间的,这个生死考验却是相当长的时期。在这个生死考验之下,他的"致良知"被逼发出来了。所以"龙场悟道"和"致良知"的提出，这两个例子都是先经历一个生死的考验，然后产生了道德主体的觉悟。就是说，生死考验在先，道德主体的觉悟在后。以前我们从宗教的角度来讲，认为生死事大，生死的这个问题才是最根本的一个觉悟和考验。但是王阳明的这个觉悟，我觉得可能不是那么简单。所以两位今天谈到的这个问题，带给我新的启发和思考。怎么看这两者，究竟哪一个更代表终极性的觉悟和体验？是不是说，我们可以把这个问题在另外一个维度中打开，道德主体彻底的觉悟，可能是更终极的觉悟，但是这个觉悟需要你有一个生死体验作为基础和前提。这是我一个小小的感受，跟大家分享。谢谢。

范　曾：谢谢你提出来非常好的想法。我想我们可以从记载上看，就是王阳明在龙场悟道以后，他发现了一个问题，他心里所想的和五经相契。而唯一的呢，和朱熹有所距离、有区别，这个不能不认为是他大的觉醒。朱熹到了晚年对鹅湖之辩有十分坦诚的反思，陆象山批评他过分支离，朱熹自己承认了。朱熹讲，他的确有些死于章句，甚至于他以为汉儒毛亨、郑玄这些大儒，只要做注解就行了，不必像他那样，每句每句都要说出个原委来。他当时身体很不好了，他在致友人甚至致陆象山的信中，都有君子之过如日月之食的大度。但时不我予，恐怕来不及了。可王阳明唯一的感到，他和经书相契合，而和朱熹的有区别。这点是不是可以和这位教授商榷一下，这个体验是在死亡体验之同时生发出来的。如果讲没有这次实际的体验，他可能还不会想的这么透彻。

杜维明：您很客气说这是小问题，生死是大问题啊，非常重要。从《论语》开始有"未知生，焉知死"，"未能事人，焉能事鬼"的说法，所以大家认为儒学是注重生而不注重死，注重人而不注重鬼，我认为这是很大的误解。就像《论语》里面也说，"孝"是"生，事之以礼；死，葬之以礼，祭之以礼"。所以如果我们看《礼记》讨论葬礼、讨论祭礼的分量，就会知道，生死在儒家的传统中是大事。宋、明的文集里多半有年谱，在记录年谱的时候，对生死关头的记载非常详细。细到什么程度呢？细到甚至详细地描写每个时辰。所以生死的问题，我认为是大问题。我对这个问题并没有很透彻的思考，但我愿意拿个人的想法跟大家来分享。我们知道，儒家坚持认为修身的过程必须在社会网络中展开，也就是阳明所说的"事上磨炼"。所以，儒者不是现在的书斋学者，而是每天都面临来自各种事务的挑战，包括政治、军事、民生各个方面的内容，有时候甚至是对生命的挑战。正是这些挑战促成他们思想上的成熟。就像您刚才也提到，生死体验在王阳明思想的成熟过程中起到了很大的作用，像"龙场悟道"的时候，还有"致良知"的提出，等等。所以，不管是生死体验还是其他事务上的体验，它之所以能够促进思想的成熟，其原因在于这体验的过程本身并不是仅仅关注于生死，而是同时也是一个道德主体自我反省、自我培育的过程。假如他没有深刻的自我了解和自我认识，他就不可能看破生死，更不可能在看破生死之后对刘瑾可以做出这么严酷的迫害还能进一步提升自己的思想境界。

主持人：谢谢，聆听这样的对话实在是思想的盛宴啊。下面我们有请清华大学哲学系的卢风教授。

卢　风：听了两位先生的谈话，我觉得感悟比较深的是"为己之学"的重要性。我觉得在今天强调"为己之学"尤其重要。因为今天绝大多数人求学的唯一目的就是为了将来能够到职场上赚钱，很多学的东西跟自己人格的培养没有关系。所以，我有时候会跟他们说，你们总是把最多的时间和精力花在那些你们认为有用的东西上，实际上，很可能你们毕业没几年就把那些东西全忘了，而对你自己真正重要的东西，反而没有学到。所以我觉得，今天两位先生特别强调为己之学特别重要。这是我的一点感悟，谢谢！

主持人：好，谢谢，谢谢卢教授。今天在现场还有一位是中国书法家协会的会员，也是北京大学国际关系学院的教授，张振国教授。

张振国：大家知道一批诺贝尔奖的得主提出来，21世纪应该回到孔子，应该用儒学来拯救世界、拯救地球。今天两位先生讲到了儒家的传统、

清华大学卢风教授

北京大学张振国教授

西方的传统，观点都很深刻，我觉得如果世界上的政治家能够都具备一点哲学思考的能力，世界的面貌也许会比现在好很多，哥本哈根会议的状况也不会像现在这么糟。这是我的一点感想。第二点感想，我觉得前面杜先生对人与自然关系的思考很有价值，就是说人与自然应该通过"对话"来达到泯合无间，就好像范先生作画时所体会到的对于自然的那种亲密感。另外我还觉得，当前国内艺术界对传统文化的重视不够，希望范先生能够以自己对传统文化的精深理解，在中国艺术界更加光大中国传统文化。谢谢。

范　曾：谢谢，谢谢你。

杜维明：我做一个很简单的回应。您刚才乐观地提到，如果哲学界有机会和政治家交流，就可以或多或少地改变这个世界。我确实有过一些尝试，当然，最近也有一个难得的机会，德国的总统在家里延请十五位世界知名的学者，召开一个学术会议，可惜我没有时间去参加。他准备谈两个问题，我们一开始以为是谈金融风暴，没想到他的第一个问题是"何为人"；第二个是"我们为什么在这里"，也就是说人生意义的问题。所以，有一些政治家确实有着长远的眼光和深刻的思考。像美国以前的副总统戈尔，在环境保护方面发挥了非常积极的作用。另外您提到西方对孔子的评价，事实上，在1948年，Karl Jaspers（雅斯贝尔斯），这位大家都很熟悉的文化哲学家，提到所谓"轴心文明"时说，人类有四位典范的人物，他们所开创的精神传统一直延绵不断，一位是苏格拉底，一位是释迦牟尼，一位是耶稣，还有一位就是孔子。大概一个月之

杜维明教授获伦敦国王学院荣誉博士

前,考虑到孔子作为伟大的思想家和教育家对人类文明做出了杰出的贡献,美国的国会通过了一个法案,决定将孔子的诞辰,9月28号,作为孔子纪念日。事实上,台湾和香港、甚至新加坡和美国加利福尼亚州都一直将这一天作为教师节。教师节的意义,当然不只是一个假日,不只是请客、吃饭、送礼的日子。之所以设定这样一个节日,是为了让大家有一点时间来怀念塑造过他们的生命,特别是他们的精神生命的这一批人,可能是父母,可能是朋友,可能是兄长,也可能是老师,也就是说,希望大家有一个时间可以庄严地纪念师道。在内地,我们已经努力很多年,希望把教师节定在9月28日,暂时还没有反应,我们希望这一努力能在以后得到各位的赞许和支持,慢慢地使9月28日成为教师节。

主持人:谢谢。现场也有北大的一些学生。下面的时间交给他们,看看各位有什么问题,可以和各位嘉宾交流。

学生A:我想问范先生和杜先生一人一个问题。我想请问范先生,王阳明说"与天地万物为一体",说"致良知于事事物物",又说"知善知恶是良知,为善去恶是格物",可是我想问一下,刘瑾也是天地万物之一,王阳明为什么不能与刘瑾为一体,和平共处呢?这岂不是表明他"致良知"还做的不够?杜先生谈到儒家的"为己之学",我很认同。我想问杜先生的问题是,民主、科学这些西方价值不是我们的传统中本来就有的,那么现在民主与科学精神与儒学是否具有相容性?它们之间是否能够协调?是否能够进行和谐的对话和交流?谢谢。这就是我的问题。

范　曾：我先回答你对我提的问题。其实，本体来讲无善无恶，"知善知恶是良知，为善去恶是为格物"。我想举一例回答，"四人帮"毒披天下，倘那时候还对他们给予同情，我本身是良知泯灭。大家想，是不是这个道理？佛家认为，放下屠刀立地成佛，六道众生皆可成佛，这是佛家的讲法。我们也看敦煌壁画上，有五个强盗放下屠刀立地成佛故事的壁画。可是，对于现实的世界来讲，往往是一种宗教的理想。他强调人性内部，还有一点善的因子。那么刘瑾有没有善的因子呢？也可能有。可是，当时的时势已经不容王阳明再对他同情，或者对他有恻隐。当然，如果讲真正能够欣赏敌人，也是种境界。譬如，鸿门宴上樊哙进来了，在盾牌上拿生肉啪啪切着吃。结果呢，项羽不知道他是刘邦的连襟，姐妹俩一个嫁给刘邦，一个嫁给樊哙。鸿门宴上项羽竟站起来了，称赞樊哙："壮哉，勇士！"他不知道这个刀光剑影正冲他来了，我想王阳明不会那么傻。

杜维明：我也愿意回答一下你的第一个问题。儒家提到，唯仁者能爱人，也能恶人，这是儒家非常重要的观念。比如说，当别人问孔子"以德报怨何如"时，孔子反问道"何以报德"，也就是说对待别人的善意和恶意的态度应该是"以直报怨，以德报德"。假如这个人作恶多端，就必须制裁。以君臣关系为例，假如君王很尊重臣，那臣就可以视君为父母。如果君对臣根本不重视，那臣对君就可以像路人一样。如果君对臣视如草芥，那不仅臣子可以批判，甚至可以革命，把他杀掉。像刘瑾的恶行就是不可原谅的。但是，像刘瑾这种人，有没有良知、有没有良心？有没有可能让他良心发现，改过迁善呢？从儒家的立场上看，有可能。但是有一个问题需要注意，儒家讲人性本善，要区分最低的要求和最高的体现。孔子说，"我欲仁，斯仁至矣"，任何一个人，由于本具的善性，如果要做仁人都有可能，这是最低的要求，也就是说，从根本上说，人人皆可以为圣贤。最高的体现呢，就是达到圣人的境界，那也就是真正的完人，善性的最高的体现。从这一点来看，不仅孔子没有达到完美的境地，连尧、舜、禹、汤、文、武都要继续努力。这是学到老、活到老的过程。

下面我再简单回应一下您刚刚对我提的问题。严格地说，像西方近代启蒙思潮发展出来的核心价值，比如自由、民主、人权、法治，在儒家传统中并不完备，很多地方确实要向西方学习，所以"五四"时的一些儒家学者，像张君劢，特别关注民主的建构，特别是宪法；熊十力先生对柏格森所代表的生命哲学特别关注；贺麟先生也对德国理性主义所发展出来的价值做过深入研究；冯

友兰先生也吸收了很多美国新实在主义的观念，那一代人都在向西方学习，并通过向西方学习，使得儒家内部的一些缺陷有所改正。到了后来，在台湾和香港，我的一位老师牟宗三先生，认为科学、民主是一种人类普世价值，于是长期研究儒家传统能不能开出科学、民主这些西方价值。但是他的工作非常艰难，以后会不会成功也不一定。所以儒家应该正视这样的自身缺陷，要向西方学习。但同时，我们也要看到儒家有很多核心价值，比如说恻隐、责任、正义、社会的和谐，乃至人与人之间的关怀，这些在西方固然有，但是发挥得并不突出。所以我觉得，现在应该有一个平等互惠的核心价值的对话，以便各种文明能够相互取长补短。实际上，世界上有很多的精神文明开发了多元的价值，这些价值不一定是近代西方具备的，但它们非常重要，不仅是在精神塑造方面有重要的作用，而且对于人类文明进一步的发展、人类的存活、人类的繁荣也有非常重的价值。所以我们需要提倡文明的多元性，而不是用一种强势的文明去压倒暂时处于弱势的文明，比如我们

不要求基督教开发出科学民主;我们不要求印度教开发民主自由;我们也不要求伊斯兰教这样做。未来的挑战非常严峻,人类的文明既然是多种多样的,就应该开发各种各样的思想资源,共同面对以后的挑战,不能人为地发展一元的价值,然后用它涵盖一切。而且,事实上,单一的思维模式也不可能应对所有问题。因此,我们对西方的这些价值,一方面要认同、要发展;另外,我们也要带着一种批判的认识,甚至在很多地方进行尖锐的批判。

主持人:谢谢,下面我们请著名导演王春华来提个问题。

王春华:两位大师好,我来自北京电视台。虽然现场是我们北京电视台在录制,但是我今天不是以工作人员的身份来提出我的问题,我是以一位崇拜者、以一位思想追随者的身份来提问。我想在制作电视节目的时候,我们所有的制作人肯定都希望用各种花哨的手段吸引观众的目光。但是我觉得今天的现场非常安静,不需要任何的修饰,

北京电视台王春华导演

就能让所有的人安静地听下去。我想这大概就是智慧的魅力。刚才听到杜先生说到儒学走向世界的很多具体实施,包括把9月28日定为教师节的问题。所以我有一个具体的问题,问一下范先生。在儒学走向世界的过程中,您作为中国第一位联合国教科文组织多元文化特别顾问,在这个职位上,您有什么具体的实施、具体的计划或者具体的责任让中国的儒学走向世界?谢谢。

范　曾:从我本身的良知给我的体悟来讲,艺术家要真、要诚。可是作为个联合国的多元文化特别顾问,要照顾了各个多元,这就出现了很多的问题。譬如讲,他的艺术思想和你不一致,他是后现代,也不能不承认它是其中的一元。我是多元文化顾问,我不能讲每天凭着自己良知,去认为你们的伪或者什么。这里面还有对后现代派的认识,我还有一个不断的前进的过程,这方面我会向杜先生请教。因为杜先生对西方艺术非常了解,尤其对后现代产生的历史背景和缘由,他会给我们做一个比较透彻的了解。大家注意看我的文章《后现代主义艺术的没落》。这是作为一个艺术家的良知判断,如果讲我作为联合国的一个官员,我可能不会那样激烈，但也不会去支持后现代。我这个官员每年薪金一块美金，这块美金还寄到我的账号来，不过这只是个象征性。可是我想我会做些事情，我做的事情既不违背我的良知，又要符合世界多元文化的发展。我要在这里面取一个真正不违背良知的态度，去做这些事情。

主持人：还有哪位同学想提问吗？这位女生吧。

学生B：两位先生好，我是北大经济学院的研究生。我们知道佛家有一句话叫做"应无所住而生其心"，佛家讲的是以出世的心态来入世。我觉得这对于人的心灵的解放、内心的平静是一个非常好的指导。那么儒学，包括后来的理学、心学，它对于人心的修炼是否有好的指导呢？我觉得儒学应该是一种非常积极入世的学问，《史记》里面说它是出于司徒之学，包括刚刚所讲到的王阳明的为己之学，其最终目标是利他，这样的话，是不是儒学更关注社会，当然包括人和自然之间的关系，而不是很注重我们的内心呢？希望二位先生能够帮我解答这个问题。谢谢。

杜维明：您谈的这个问题，我觉得很有意思。你从天台"应无所住而生其心"，然后讲佛教强调个人的内在修证，后来佛教又以出世的心态入世。我们昨天也谈到，佛教作为中国一个伟大的思想传统，在身心性命的问题上做出了极大贡献。当然佛教在近代也经过了一个转折。这大概是从19世纪末叶开始，太虚大师受到来自基督教的挑战，提出人生佛教。后来印顺大师在闽南佛学院提出人间佛教。那么到了台湾，我们知道有三位了不起的佛教的大师大德，像慈济功德会的证严，还有佛光山的星云，以及法鼓山的圣严，他们都提出人间净土的观点。佛教从个人的修证逐渐走入社会，走入慈善事业，特别是证严的慈济功德会。这意味着什么？意味着很多伟大的宗教传统都在出现一种转变。我认为形象地说，就是它们都在发展两种语言，一种语言就是宗教的特殊语言，涅槃啊、证空啊、轮回啊，或者三位一体啊、圣女啊；另一种语言是世界公民的语言，就是说，面对人类的生存困境，像生态环保、核武器、吸毒、疾病、自杀这些问题，宗教不能够只是注重净土，不注重凡尘，不能只是注重未来的天国，不注重凯撒的世界。这种改变在很多方面和儒学讨论的问题比较接近，而且宗教界很多力量也开始接受儒学。比如说在波士顿有一批神学家，就是所谓"波士顿儒学"或"波士顿儒家"，他们都是基督徒。但是他们认为自己是儒家式的基督徒。现在还有儒家式的佛教徒，乃至儒家式的犹太教徒。这是什么意思？什么叫儒家式？我觉得"儒家式的"就是说要关切政治、参与社会。一个教徒本来也可以不参与社会、不关切政治，就直接和他的上帝沟通，他可以和这个世界没有关系。但是现阶段，重要的宗教都在体察个体入世、提倡世界公民语言。

主持人：好，那下面我们请中国艺术研究院的刘波博士来说几句。刘博士请。

刘　波：今天非常高兴能够听到两位先生的对话。用一句佛家用语，就是从心里面生起欢喜心。作为范曾先生很多年的学生，我也经常能够感受到这种快乐。我觉得这种气氛大概就是我一直以来很向往的古代书院的学风。导师在那边讲，同时学生跟着他接受言传身教。我

中国艺术研究院刘波博士

注意到杜先生刚才提到熊十力和马一浮两位先生,他们当时在学术上还能互相推重。但好像因为教育理念不同,两人最终没能合拍。马先生当时创办了复性书院,反映出他的一些教育思想。他不满意近代西方这种模式的学校教育,不希望预设一个目标,让所有学生去趋同。他觉得这样通过教育把人性功利化了。这个主张与熊十力先生有点不一致,两个人可能因此没有同道。所以我想请问杜先生,您本人对于他们俩人教育方面的思想怎么看?还有您怎样看待这两位先生和梁漱溟先生在思想上、气象上的区别?我希望听到杜先生的意见。谢谢。

杜维明:谢谢,我想您对这个问题已经思考过了。马一浮先生建了复性书院,在四川,熊先生参加了。但是他们在一起的时间不太长,我想除了教育理念以外,也是一种价值取向、教学风格的不同。马先生学贯中西,他在国外的时间很长,会很多种语言。听说他是第一位把《资本论》带进中国的人,可以用德文看《资本论》。他的接触面非常广,人也非常平和。熊十力先生曾经在北大教过书,脾气比较大，他对于学生很有吸引力，也很能督促学生上进。所以我相信两人在性格上有很大的差异。我们平常讨论儒学时比较少提到马一浮先生，我觉得非常可惜，现在在杭州成立了马一浮先生研究院，相信将来马先生会为大家所关注。熊先生的思想很有穿透力，他的《新唯识论》出来以后，冯友兰先生认为，在当时中国只有几个有系统性的思想家，就是金岳霖、毛泽东、熊十力和他自己。梁漱溟先生的情况，我比较熟悉一些，1985年我在北大上课的时候见过他很多次。他的内心是个佛教徒，而且一直吃素。他在《东西文化及其哲学》中提到一个说法，印度所走的是一种舍离的传统，西方所走的是一种侵略宰制的传统，中国所走的是一个和平的传统，但是我们在现阶段，都必须向西方学习。当时是民族危机存亡之秋，所以他说我非作儒家不可。但是，以后随着人类文明的发展，佛教这一方面，特别是印度教所代表的舍离的精神，可能更重要。所以他的思想和另外两位先生又有所不同。

主持人：好，今天范先生和杜先生又进行了一场精彩的对话。实际上，也为我们揭示了儒家思想文化的核心概念和丰富的内涵。我们也了解到他们谈到的大到天地万物，不同文明之间的对话；小到个体生命的存在意义，了解到儒家思想文化在当代的现实价值。再一次感谢两位先生，也感谢您的参与，下次节目咱们再见。

·第三次对话·

中国儒学的魅力与影响

主持人：大家好，欢迎走进中华文明大讲堂。今天我们是在人文气息浓厚的北京大学百周年纪念讲堂，来录制这一期特别节目。相信各位都还记得2008年在北京举行的奥运会，尤其是美轮美奂的开幕式。当那幅展现中国文化之美的画卷徐徐展开的时候，当现场诵读《论语》的声音传遍的时候，那一刻一定是让全世界都为之赞叹。那么儒家的思想文化历经两千多年的发展，为什么还活力充盈，它的生命力源自哪里呢？范曾先生在2009年祭孔大典的祭文中说到这样的话，他说："唯和衷以共济，讲信而修睦，此足称万国邦交之极则，亦各族和谐之宏观。"我想这也是儒家精神的核心所在吧。那么杜维明先生也曾经说过，儒学所代表的是一种涵盖性很强的人文主义，它提倡天人合一、万物合一，而且杜先生也一直在研究儒家文化的现代化的转化。今天我们就请杜先生和范先生再给我们带来一场关于儒学的精彩对话。现在让我们用掌声表达对两位的感谢和敬意。下面的时间就交给他们。谢谢。

一、中国儒学文本之美

杜维明：我感到非常荣幸，我们已经谈了很多课题。范先生作为一个艺术大家，是在深厚的学养基础上创造艺术。我记得他对文史哲各个方面都非常有兴趣，都有很深的造诣。同时，他对中国经典文字之美特别欣赏。他有几句概括我不能完全记得，但我觉得是对经典之美非常传神的一种概括。他说中国经典之美是简约的、是高华的、是确实的、也是朴直的，同时它也是圆融的、博大的。另外，他用到一个我不曾想到的词语，就是"深雄"，又深厚又有气派。在这里，我希望能够请范先生给我们谈一谈，不只是艺术方面的问题，而且包括与此密切相关的人生素质的培养。

范　曾：我没想到，我随便跟杜先生谈谈话，杜先生记忆力像电脑一样。你让我再重复自己写过的这些话也不这么全。可是，博大深雄、简洁高华，这的确是中国文字本身带给我们文化人的无与伦比的一个稀世之宝。我不懂外文，这里有非常精通外文的听众，有非常精通外文的讲演者。而我对汉语的自豪是从哪来的呢？有一页很短的文章，翻译成外文怎么变成三页了？还有一本很小的书，就这么厚，翻译成英文这么厚。我就想，是不是我们中国文字的确是一种很简练的文字，它的语言涵盖的内容却是非常的丰富。而且中国的文字，就从字学来说，一个字，它可以是名词，"妻子"，丈夫的妻；"妻"呢，也可以作动词用，也可以作名词用，比如讲，孔子把女儿"妻之"嫁给公冶长。一个词的词性，它可以做动词用，可以做名词用，有时候甚至可以做副词用，变化万端。有时，同一字，用在不同的地方，意思可以完全

范曾先生在联合国教科文组织做演讲

第三次对话 ── 中国儒学的魅力与影响

相反。而有时，不同的字却可以表达完全相同的意思。比如讲中国和美国女排相打，中国大胜之，中国大败之，一样，都是中国排球队胜了。"南村群童欺我老无力，忍能对面为盗贼，公然抱茅入竹去，唇焦口燥呼不得，归来倚仗自叹息。""忍"是"何忍"。王勃在《滕王阁序》有句，"敢竭鄙诚，恭疏短引"，实际上是我"不敢"把我鄙陋的文采献出来。这一个字，因为它的语境的不同，有完全不同的含义或者有相反的含义。尤其在中国的经典，像《论语》、《孟子》里，要言不烦，可是说的事情很多。刚才我和杜先生在会客厅小坐，我说孟子在《梁惠王》里面讲："所谓故国者，非谓有乔木之谓也，谓有世臣之谓也。"故国是什么？不是长了几颗大树，而是因为有人，"有世臣之谓也"。我们也讲，北京大学者，非谓有楼房之谓也，谓有大师之谓也。一个大的知识分子不是可以批量生产、论堆计算的。国家学术之安危，往往系于一两人之身。中国儒学走向世界，儒学之所以有未来，杜先生在这里面所起的作用极大。中国人讲话，的确有时候要言不烦。像唐宋八大家之首韩昌黎，他有时候一篇文章几十个字，照样很完整。苏东坡写文章，"行其当行，止其当止"，这又是中国文人一种潇洒的气度。这个孔子不是讲过吗："文胜质则史，质胜文则野，文质彬彬，然后君子。"这个史和野，都不是中国的文人所需要的语言风格和气质。中国文人所需要的风度、气质和他的语言本身都是统一的。其实人的气质之美，往往是通过语言表现出来的。张载文章写得非常之好，他曾经谈过人的气质问题。张载说，人有一个"本然之性"，还有一个"气质之性"，人的第一等重要的工作就是改变气质。改变气质从哪开始？他的语言是其气质最重要的载体。有的人张嘴就俗，对不对？一个人到你面前，语言的雅、俗之判是十分了然的。这人,典雅;这人,高华;这人,鄙俗。这个完全是内在的修为所使然。其实,儒家是非常重视检点形骸的。最近,杜先生还跟我讲到《论语·乡党》篇,孔子对自己的一言一行,在朝廷、庙堂这么讲话,对一般人这么讲话,入公门(应该)如何,执圭(应该)如何。为什么他反复"鞠躬如也",他怀抱着一颗敬重之心。我们现在很不注意这方面的教育,讲话没规矩,言谈举止没有规矩。对待长辈,不能指到脸上来。现在朝鲜人喝酒,如果长辈在,一定以手遮面喝。这是从中国学的,"礼失求诸野",他们留下了,而我们现在却没有了。不管长辈、晚辈,喝酒无度,语无伦次,只会喊:干(杯),干(杯)。其举止,很不堪。影响最大的是今天的电视广告。我最恨广告语言的鄙俗,表现兴奋呼"哇噻",俗不可耐。或者对着电视观众撅着嘴,大指中指摩出"刮"的一下,鄙俗不堪。这种东西是为儒家所不能容的,而这种东西影响流播之快啊。很多小孩见面也"刮"的一下,这"刮"一下比我和杜先生在这讲几天课的影响都大。这些演员应该到我们这里听听我们这个座谈,演员身教比我们的言教还重要。有记载云,张载平时待人接物不动声色,以自己行动做无言之教。张载特别强调改变气质是头等重要的事情,我想这里面包含着语言、行为、动作。一个人走到我面前,我是很注重看相格的,这相格有三个层次:第一个层次,看他皮毛外相。这个人一到面前,獐头鼠目、尖嘴猴腮,动作又猥琐不堪,没什么好东西。一个人到面前,走路走不稳,颠啊颠的,处事不稳。大体上可以看出一点,当然不尽然。也许他走路很颠啊颠的,他处事却非常稳重,这也有例外。第二个要看他的骨相,这个骨相又不是皮毛外相了。骨相之成,须几代人,各位明天开始注意。因为你们的心态能影响你们的外貌,甚至影响你们内在的骨骼、骨

天与人
儒学走向世界的前瞻
杜维明 范曾 对话

相。最后一点看风神如何。也许他的皮毛外相、骨相都不行,可是呢,这个人有一道风神。这道风神使他的一切都可以忽略了,这道风神是十分离奇的。刚才我们谈到梁漱溟先生,梁漱溟先生,当然杜先生是非常熟悉的,见过很多次。我呢,仅仅见过一次。在人民大会堂吃饭,他和我同一桌。他端坐那儿,吃的很少很少。很瘦的一个小老头,危然端坐,巍巍然,大气象。大气象并不是讲你身块很足,肥头大耳。有些财大气粗者也是肥头大耳、身块很足,结果你感觉到他体积很小。我是一个艺术家,所以我经常从外相先判断一个人,先察其貌,然后再听其言,再观其行,子曰:"人焉廋哉、人焉廋哉。"

二、儒家气象的言传与身教

杜维明: 这使我想起了"身教",身教就是以身体的行为来传达信息,也就是无言之教。实际上,身体本身也可以显示一个人的内在价值,包括他的行为方式、他的态度和他的信仰。在西方的美术中,大概从希腊以来,对人的描绘多半是描绘人的自然特征。但是,我的一位老师徐复观先生曾经提到,中国传统艺术中对人的描绘是从了解人的风骨、气象入手的。这种描绘人的方式也逐渐渗透到我们对于文体的了解、对于诗的评价,乃至对于艺术的欣赏中。这些词汇多半是没有办法翻译的,像气韵生动啊、像风骨啊、像神髓啊,非常难翻译。很可能这是代表中国思想的特色,这种特色与西方从自然发展出来的一套语言非常不同。人是一种变动中的存在者,但我们在理解一个人时并不是把他一生的所有变化细节都纳入考察范围,而是往往能很快捕捉到这个人的特质,或者说神韵。这种特别的智慧和观察自然、研究自然的知性活动有相当大的不同。在中国,像东汉的品题人物实际上就体现了这种智慧。类似的理解方式也贯穿于对中国的文学、艺术、绘画的理解,这大概是在中国之外的西方很难看到的一种基本的洞见。不知道您有怎样的看法?

范　曾:对,我想正如杜先生所言,中国古人形容一个人的诗、或者词、或者形容一个人,都用很短的句子。比如讲"郊寒岛瘦",孟郊的诗,寒;贾岛的诗,瘦。又比如讲,"清新庾开府,俊逸鲍参军",庾信的东西,清新;鲍照的东西,俊逸。同样,形容人也是这样。我记得好像朱熹如此评论孔子、颜回和孟子,他说孔子,天地也;颜回,和风庆云也;孟子,泰山岩岩之气象也。朱熹就给我们传神地刻画了三个人。的确,我们再回过头来看看《论语》中对颜回的描写:"贤哉回也,一箪食,一瓢饮,在陋巷。人不堪其忧,回也不改其乐。贤哉回也。""贤哉回也",用了两次。这段话是孔子对他大弟子的至高评价,所以二程好像曾经讲过:"人须当学颜子,便入圣人气象。"这个我想是有道理的,一个人可信赖不可信赖,你看他眼神。看眼神,一个人眼珠老转悠的人,大体上意不诚,心不正。一个人对你过分谦虚,过分沉默,请记住"过谦者必怀诈"、"过默者必藏奸"。过分谦虚的人一定心存奸诈,过分沉默的人一定怀有鬼胎。这样形容人是不是唯心的?不唯心,唯物得很。今天我们有时候看人,习以为常了以后,熟悉的人倒不太容易辨别。生人一见面,看的却比较清楚。

《朱熹与陆九渊》

杜维明：您提到颜回的气象，原来我认为颜回的"不迁怒，不贰过"并不难，但后来我切身地体会到，如果真是生气的时候，我们很容易将这种气恼转移到旁边的人或者亲戚朋友。这也会让他们感觉到不快，并且对他们所亲近的人也生气。这个制气、止怒的问题在宋明儒学里面讲得很多。在生气之前，我们大概能够把它化解，问题不大。但一开始生气，那就不得了，要消除它，比移山填海还要困难。您刚才还提到朱熹对这几位圣贤的描述，实际上孟子那时候就做过类似的描写。因为他是私淑孔子，想通过对比描写一下到底孔子是属于哪一种圣人。他认为，伯夷是代表"圣之清者"；伊尹则花了很多的时间从事政治的事业，有一种急迫的心情要改变这个世界，所以他是"圣之任者"；另外柳下惠，他是属于"圣之和者"。那孔子呢？经过考虑，孟子认为孔子是所谓"圣之时者"。他不是用一个静态的结构来表示孔子的特点，而是从一个动态的过程来描述。所以他就用奏乐的过程来表示，"金声而玉振"，也就是说这个人在任何一个不同的时段，都能够恰到好处，所以该走就走，该停就停，他的行为不是出于对任何条条框框的遵循，所以完全是自然的，完全能够发挥他内心里面最真诚、最切实的一面。

另外我想到，关于儒家对于人格的欣赏或者是评价，有好几个层次。一般我们总觉得，一个人能够做一个好人，甚至说能够做一个正常的人，就很不错了。现在有很多心理分析、药物治疗的手段可以调节人的焦虑和不安，让他可以正常地做事情，正常地学习、读书，那么这就是通常意义上的善人。在孟子看来，这个"善"恐怕不止这些，可能更主要地是指一个人格发展的起点。

他曾经提到乐正子是个"善人"、"信人","可欲之谓善,有诸己之谓信"。所谓"可欲之谓善",别人都觉得这个人是很值得欣赏的,很愿意跟他在一起,那这个人可以被认为是"善人"。但是更重要的是"有诸己之谓信",这个"信人",应该主要是指他的真诚、他的内心信实、朴直。就是说一个"善人"不仅是要受到别人的承认,更重要的是这个人要有信实的道德内涵,让你感觉到他不是轻飘的。那么有了内容,如果这个内容是足够丰厚、充实,便达到了"充实之谓美"。这种充实的美如果能够向外面发展,使得大家感受到一种震撼,就达到了"充实而有光辉之谓大",这样的人就是所谓的"大人"。大人就是孟子讲的"大丈夫"。进一步,如果还能够"化",也就是一般讲的"大而化之之谓圣"。那么这里所谓的"大而化之",一方面是化自己,您刚才提到张载所谓的"变化气质",这就是自我的一种转化;但是同时他对这个社会也有一种转化的潜力,像春风化雨,以一种"润物细无声"的方式转化这个世界。那么只有在这个时候,才达到了"圣而不可知之谓神"。这个"神"倒不是一定就比圣人更高,而只是指圣人,这样一个德性完备的人的转化功能,我们平常很难理解。这样说来,从善人到信人,到美人,到大人,再到圣人,这中间的发展可以说是一个无限的历程。虽然我们好像很难企及这个境界,但是孔子仍然讲"吾欲仁,斯仁至矣"。也就是说,在自己德性的修养上,只要我意愿,我就可以做到。这实际上是一个最低的要求,他是想告诉我们,每一个人都有这个潜力。所以王阳明甚至说,满街都是圣人。满街都是圣人呢,并不是满街都是实际存在的圣人,而是满街都是可以成为圣人的人,每个人都有成为圣人的潜力和可能性。

　　另一方面，实际上像孔子，还有其他一些典范式的人物、代表人物，连他们自己也觉得自己还有更上一层楼的可能性。所以这个自我修养的过程，从最低的要求一直到最高的体现，是无穷无尽的。我们的变化气质可以从我们活生生的一个具体的人开始，可以从一个个具体的生活情境开始，大家要做的可能并不是那么困难。您刚才也提到"气象"的问题，即使一个人的气象，包括他的神态啊、举止啊、言谈啊，有着许多的缺点，那他是不是就已经定性了呢？我想没有。从变化气质的角度来说，我只要开始改一点，只要我有信心，我就能改，逐渐逐渐地就慢慢突破这些限制。儒家有个说法，"惟上智下愚不移"，就是说，只有生而知之的人和下愚的人，是没有办法改变的。但这其中生而知之者，是

世界上千分、万分,甚至亿分之一,完全不能改变的人也是非常少的,连孔子本人也承认自己是在中间状态。所以每一个人都有改变和转化的可能,每一个人都有希望。即使是在实际的情况上因为习惯、因为惰性、因为各种不同的原因,使我们感觉到有很多不自在的地方,不能发展的地方,但是这个自我转化的潜力始终存在。如果从阳明的立场来说,只要有志向,只要你能够立志,你就可以转化。有很多朋友认为现在变化气质不可能,事实上很有名的几位学者也这样说。因为从基因的角度看,有的人说一个人的性格在你出生的时候就限定了,有些人比较暴躁,有些人比较温和,天生就有着不同的特点,要改变自己不大可能。其实儒家也有过类似的描述。有的人对王阳明说,如果尧舜是一万两金子,那么周公是七千两,孔子是五千两。阳明说我们为什么要为圣人争分

量？圣人的共同点在于他们的纯净，而不在于斤两。假如我就只是一两，但是我如果能够把这一两变成纯净的金子，也就把我的能力发挥到极致了。即使我现在所有的各种条件都不突出，一无所成，但是只要在一个方面能够通过努力自我转化，使它纯净，那它还是有发展成材的可能，而且这也正是我，作为一个人，完成自我的实际途径。假如是我自己碰到了这个问题，我的基因中间有十之八九是有缺陷的，只要我自觉到这种缺陷，我认为我还是有通过学习来改变的可能。我就在我的限度之中，来展开这种无限的可能性。儒家讲人人都有个"本体"，就是说每一个人的发展都可以达到最高峰，而且就是在每一个人的限制之中的最高峰。

范　曾：是，讲得好。王阳明，看到满街都是圣人，他说满街人看了我也是圣人。这是什么意思呢？就是王阳明对自己，是要做圣人的功夫的圣人。他从年轻时候就学做圣人的功夫,他特别强调功夫。这个功夫是什么呢? 是怎么样保持那种"不虑而知"的良知。这个"不虑而知"的良知,它的容量是不一样的,大人之容量和小人之容量是不一样的,圣人之容量和平常人的容量是不一样的,而且表现异殊,非止一端。比如,孔子认为商代有三个圣人。《论语·微子》:"微子去之,箕子为之奴,比干谏而死,孔子曰:殷有三人焉。"这三个人采取的对生活的态度完全不一样。可是,这三个人都是商代的圣人,就像颜回,在儒家看来,是个比较完美的典范。他和你聊天,他可以不插嘴,"不违如愚",不和你对着论辩,而是静静地听,保持了儒家最强调的中和之道,"喜怒哀乐之未发谓之中,发而皆中节谓之和",他有了中和这个心态,这是一种很自然的流露,表现出他的大度和忠恕。因为你有了中,你就意诚、心正,你有了恕、也就宽大而博厚,这种东西都是中国儒家所赞颂的,也是要不断地予以弘扬的。忠恕、中和这种气象,我觉得当前对世界各国各民族都很重要。中国在明代出现了很多的大思想家,比如刘宗周,他可以以身殉国;倪元璐可以以身殉国。刘宗周的学生,像黄宗羲这样的人,康熙皇帝给他提个匾,他可以不挂;傅青主,朝廷希望他做官,叫他剪掉头发,他官不做,头可杀,头发不可剪。在混乱之世,最容易出现奸佞,也最容易出现真正的忠义之士。而忠义之士不一定是肌肉发达,有万夫不当之勇,也许他是个文质彬彬的书生。到了孟子时候,他提出一个"大丈夫","富贵不能淫,贫贱不能移,威武不能屈,此之谓大丈夫。"孟子对大丈夫的这种气质,非常之推崇。可是,能做到这样的,他还需要有很多方面的日常修养。孔子讲:"仁者不忧,智者不惑,勇者不惧",总是因为有了内心这些修为,他才能表现出这样的气象。尽管以不同的方式表现出来，总是一种圣人之心。我就深深感到，这个距离我们时代还十分遥远。

我们最主要做的工作，应从小孩做起，培养他们养成一种本能的习惯。昨天我讲到王阳明，他关怀中小学教育。现在人们老提到80后、90后，这些青年人怎么样了，我们不要对问题绝对化。80后有非常好的孩子，90后有极端好的孩子，你说人的品性是不是先天的呢？可能先天有一些。可是，最重要的我相信是后天的。我有一个孙子在澳大利亚，很小的孩子，6岁。我陪他到迪斯尼公园去玩，在台阶上等游行队伍。我坐在石头上，他的母亲给他坐在垫子上。他看见爷爷没坐在垫子上，就把这个垫子拿到我旁边，他讲的英文，我不知道，好像是你坐下来吧。我当时一阵温暖到心头，这样的小孩，他难道是先天本然之性吗？还不是因为他母亲从小对他们良知的呵护。我小时候和父亲上街，忽然我父亲停下步就站在路旁边了。我就很好奇地看着我父亲，忽然前面走来一个白髯老者，我爸爸就很敬重地给他一鞠躬，这个老者也很自然地点了个头过去了。我问爸爸，他是谁？他说，这是你曾祖父的学生，范伯子的学生，徐昂，是你祖父的好朋友。我就知道了是这样的对待曾祖父的学生，对待祖父的朋友。大不像现在，遇到面以后，过分的热情，不知道心里存着什么鬼胎。"哎呦，想你啊。"天津人一遇到，"哎呀，想你啊，像个小刀剜心啊。"果然是这样吗？不一定。我想我父亲这辈人这种仪表、态度已经过去了，可是这个东西在我幼小的心灵里有。小时候，我跟我母亲到一个教师的婚礼上。她桌上放了很多的糖，小孩当然爱吃糖，我小时家里又穷，买不起。它那一个玻璃纸包的，像一个橘子一样，上面还洒着白糖，用丝带扎着。我说："妈妈，我要这个。"母亲说"不要"。然后就带我出来了,她说以后人家的东西不要瞧着。可是我快乐的节日到了,我到我的曾祖母那去,就是范伯子的太太,她是南通女子师范第一任校长。曾祖母特别爱我,什么东西都给我塞满了,高高兴兴。我妈讲,太太给你的,可以,曾祖母给你的,可以。我小时候呢,我母亲还叫我,不许看着人吃东西。有一次,我父亲忽然看见我侧着头不动,问我干什么,我说那边有个人在吃东西,我不看。因为小时候很天真,以为不看,就是一定要坚决不看。到我现在72岁了,我绝不会羡慕人家在那吃东西。或者企图得到什么东西。所以,良知、良能本来是本体自在之物,可是良知、良能,不学而能的和不虑而知的这些东西,你如果不呵护它,它也会渐渐丢失。

杜维明:我想,中国文化有一个特色,它是学习文明。不仅个人、家庭、社会,整个文化本身都在学习。现实地看,你所提到的这些遗风啊、这些美俗啊,现在都没有了,那么在这个情况下,我们面对挑战怎么办?有很多人也说儒家过分乐观,要让每个人从善又到信,又到美,又到大,可我们现在连工作都找不到,我们的物质和精神压力太大了,跟那个传统的时代完全不同了。我想举一个例子来回应一下。明末刘宗周有一本书叫做《人谱》,《人谱》这本书对每一个人各种不同的过错,包括"丛过"、"显过"、"微过"、"隐过",从大到小的各种过错和恶习,都做了非常详细的分析,可以说是对各种过错的一个现象学描述,而且最深层的现象学描述。假如我们今天您所谈到的这些遗风已经荡然无存了,那我们是不是可以通过所谓"改过"和"迁善"来进行自我转化呢?这些过错有时候很小,有时候很大,但是慢慢地,在改过的过程中,我们可

以逐渐接受正面的价值，自觉地抵制负面的价值。前面也提到了，儒家所认同的人格理想不是单一的，而是认同各种不同的人格形态，既认同"圣之时者"，又认同清、任、和等多种高尚人格的存在，即使是最高的人格境界，儒家也不认为是单一的，而是坚持多元的立场。那么，其实我们每个人"改过迁善"也有各种不同的选择，重要的是我们一定要在现实世界中，也就是说在我们具体的生活实践中转化自我，使自己有所发展。在《辍耕录》里面有一段话很有趣，是说元代有两个儒家的学者，一位是许衡，一位是刘因。忽必烈一招，许衡就马上去为忽必烈服务。当时有人就很不满，说你这样有点过分热衷政治了。他说，"非如此，则道不行。"你要行道，要实践儒家的政治理想的话，你就要卷入政治事务，哪怕是对你自己人格有所损害，你也没必要太顾及。那刘因呢？忽必烈请他三次，他还是不去。有人说你是不是过分傲慢了，他说："不如此，则道不尊。"从尊道和行道来看，他们就做出了不同的选择。

我们再回到今天的世界来看。在今天的世界里面，大家都是比较急躁，大家的学习也感觉到没有方向性。我记得以前我每次来北大都深受感触，因为清早五点钟，甚至更早，就有人在背诵或者朗诵英文。那时候我觉得北大的学风真是不得了，你要是在美国大学里面，怎么可能有这样的学习气氛。后来慢慢熟悉以后，才知道这种英文学习是工具性的，是为了考GRE、考托福，方便出国啊，这让我感觉不安。那么在这些现实情况之下，我们如何能够让大家开始接受一些儒家思想，或者至少接受一些最基本的理念呢？我想必须通过"变化气质"，也就是一步一步地自我转化。当然这个非常难,我们每个人有不同的倾向,急躁的人,散漫的人,或者是有侵略性的人,要逐渐逐渐让它转化,困难很大。另外还有一点要注意的是,"能近取譬,可谓仁之方也",就是说越是切近的处境,越能够开始自我反省和自我改进。这样一来,我们每个人的转变和提升就不是一个虚无缥缈的理念,而是每一个人都可以做到的。那么在做的过程中,当然每个人会碰到不同的困难。这个改过迁善的过程,不能够一个人自己做,一定要亲师取友,大家共同努力。像王阳明那时候就感觉到一个人非常寂寞,再努力也觉得好像没有任何的同情之感。后来碰到湛甘泉了,变成好朋友。他说,现在有一个人能够听到我的声音,能够认为我做的是对的,我们两个人在一起,就会发挥比较大的力量。在变化气质的问题上,只要自觉到这个必要性,从最初步、最简单的地方下手,我想逐渐改变的可能性还是有的。

范　曾:对,又回归谈到,孟子讲,人之初,性本善;荀子讲,人之初,性本恶。王阳明怎么样判断呢?他说,孟子是从源头上说起,也是大概言之。荀子是从末流上看,也未必错。这是我看到的一个大儒对性善和性恶的一段最精辟的分析。从源头上叙起,也是大概而言;从末流上讲,性本恶也未必错。那就说明这个善的基因,或者恶的基因,存在在每个人身体的内部。我们为什么特别强调良知良能,强调人的根本善?那这是儒家从最积极的方面考虑人性的可塑造性,必须保持这些。我想人性里面都有亿万斯年动物界流传给我们的一些恶德的因子,比如争斗,比如掠夺性,比如利己心。我有一对双胞胎的孙女,董强是经常看见的,非常之可爱,但两个人性格全然不同,谁也没教她。这个妹妹呢,每个问题,都要拐个弯;姐姐就直来直去。这是谁教她的?同样的父母,同样的祖父祖母,同样的外婆,一样的生活环境。有一次,分苹果,放在那,这两个人虽有不同,但都想拿那个比较大点的苹果。这是谁教她的?作为从动物的族类里升腾起来的一个人,他必然带有亿万斯年这些动物身上存在的一些因子。这种因子,我想,也是不教而能的,也是不虑而知的。所以,在良能良知以外,还有一个恶能恶知。这个东西啊,我想荀子也并没有把它看死。他主要讲,如果讲人性恶的话,他一定要通过自己的修为来改变这个恶,你的人生才不会开出罂粟之花、结出魔鬼之果。青少年时代是最容易受影响的时代,要根深蒂固地种下一粒善的种子,我想这个非常必要。这样做并不是很困难,我们管教育的人更多的是在人事等各方面组合、调整,下了无穷大的工夫,可是怎么就没想想人生教育的最初阶段,这个青少年的教育是多么的重要。我们可以请一些心理学家、哲学家甚至科学家,还有就是整个政府的官员,把搞教育这方面

的人才,集中起来研究一本"礼"的教科书。这个教科书,是从小必须做的。我觉得在法国,我学的法文非常之不好,可是有一句话我知道,叫对不住,pardon。你无论是踩着别人的脚,或者人家踩着你的脚,两个人同时说一句话,pardon,对不住。天下无事。中国不这样,"嗨,你脚踩我了怎么回事?""谁知道你脚在这!"好,打起来了。很小的事情,一个很小的习惯,他可能在民族性上就会引起很大的变化。今后是不是像"对不起"这句话,可以作为相互之间关系融洽的口头语,在分辨过错和是非之前,已然有了一个宽恕之心。这个宽恕之心实际上是儒家所强调的良知,这种方便法门,我们现在是可以做到的。在大学里,提倡尊师重道、衣冠整齐、彬彬有礼,这些不只是学生个人的修为,同时也是学术圣殿所必需的气氛。——庄肃、敬重,对学术而言是由表及里的品格。

三、"五四"与中国传统文化

杜维明: 是的,环境对人的影响力很大。如果环境是有暴力倾向的,那这个环境中的人一般不会很注重礼节,大家在交往中也会经常碰到冲突。如果环境比较富裕,那么人也可能变得比较懒惰。您刚刚提到国民性的问题,我一直在考虑这个问题。如果我们的国民性能够像您前面所提到的汉字之美那样,能有高华的一面,有朴直的一面,有简约的一面,还能有圆融的一面,那就是我们的理想状态。从鸦片战争以来,特别是"五四"以来,我们经过了很多的环境变化。每十年就有很大的变化,这毫无疑问。特别是从改革开放到现在，大约三十年，每五年都有比较大的变化。中华民族虽然有源远流长的传统，历史的记忆也非常深厚，可是现代中国史，如果从这一两百年来看，它的断层也非常厉害，不仅如此，而且集体的记忆也越来越短，甚至健忘，而且还有主动的忘却。在这样一个大的环境中，我们的文化心理或者说文化传统（不是说传统文化，我们和传统文化之间确实有了很大的距离，甚至有很深的鸿沟）中产生了各种不同的积淀，既有悲愤和屈辱感，同时又有一种无力感。这个事实上在中国已经存在了很长时间，当然，我们自己也多少感受到一点。此外，还有一种强烈的爱国主义传统，同时也有强烈的反传统的传统，有强烈的革命传统，也有强烈的造反有理的传统，而且这些传统又不是地质学的积淀，不只是时间上的逐层累积，它们之间还有化学变化。这就让我们的环境更加复杂。就目前来说，最大的现状就是市场经济。市场经济的力量非常强大，不断地渗透到政治方面，甚至于在媒体、企业、学术领域里，在各种不同的社会组织里，都能感受到它的影响。这个社会逐渐逐渐成为市场社会。本来市场经济非常了不起，能创造很多的财富，但如果市场的力量渗透到各个不同的阶层，甚至渗透到人文、宗教领域，这就对文化环境有一定的负面影响，也一定会让我们对传统文化产生很深的隔膜感。所以在这样一个氛围之中，我觉得作为中国的知识分子，应该理顺我们的心气，心平气和地面对这个环境，不要随波逐流。同时，我们还要重新考虑，如何发掘传统的资源，如何使现代人，特别是现代的年轻人，对我们自己的传统有一种亲切感，这对我来说始终是一个非常大的挑战。我在1985年曾经来过北大，经过那一段时间后，我发现情

《陈寅恪先生像》

况虽然不乐观,但可以说相比以前有很大的变化。年轻人开始从传统的诗词歌赋,甚至从哲学和历史里吸收很多思想资源,大家逐渐开始以开放的心态来理解传统。所以,我想传统文化与我们近代以来形成的文化传统。与我们现在的社会环境之间的矛盾冲突,虽然不一定能完全弥合,但大概可以协调,甚至可能有发展新的文化传统的可能。当然,这关涉到我们怎样面对"五四"以来文化传统,或者说怎样以一种平静、理智的态度来面对的问题。在五四的时候,我们一提到国民性的问题,就多半是负面的,那么经历了这么长时期的发展,面对现在的复杂环境,我们怎样重新来反思这一课题。

范　曾：对,五四运动的确在中国近代史上是一个非常重要的运动。它是中国新民主主义运动的一个开端。北京大学充当了非常辉煌的角色。"科学与民主"的口号从这里提出,五四运动时,鲁迅、瞿秋白都是青年。一般青年都是感到祖国积贫积弱,非常之忧虑祖国的前途。爱之深,恨之切,有一种哀其不幸、怒其不争的心情。对这种民族的性格,鲁迅讲得很肯綮,就是对它的不幸感到非常悲哀,对它不争气感到非常愤怒。从中华民族的体格上来讲,人家称中国为东亚病夫。因此,他希望中国人强其骨。因此,鲁迅和瞿秋白都曾经提倡斯巴达精神,要有健康的体魄,然后有健康的精神。他们当时认为,中国的败落,中国的不进步,来源于方块字,来源于作为思想载体的文字本身。他们当时来不及像今天这样平心静气地谈这个问题,不免情绪偏激。像钱玄同、像陈独秀,都提出来要拉丁化。鲁迅先生曾经还说过,方块字不灭,中国必亡。瞿秋白更激烈,他说方块字是最卑鄙、最龌龊、最肮脏、最混蛋的一个臭茅坑，对之恨之入骨。有一次我跟一位电视台的主持人讲了这个，他说，会是这样讲的吗？我第二天拿着瞿秋白的书给他看，他知道我所言不虚。在群众场合，我和杜先生不能随便乱说，对不对。我们也可能有记错字句的时候，但大体上不会离谱。我们现在静言思之，我们是不是对鲁迅和瞿秋白很反感呢？不是，我感到他们可爱的程度大大超过了我对他们的反感。因为他们爱这片土地，爱这片土地上的人。但他们的认识误区或最根本的错误在于把中华民族的沉沦最后归罪到方块字和线装书。其实，包括陈寅恪在内，陈寅恪留学回来以后，在看中国的哲学书时讲中国哲学简陋之至。的确，他看到康德的、黑格尔的，以西方逻辑推演看东方哲学，当然他感到非常之简陋。可是我相信，这些先贤们的误解，都是年轻时的一种血气方刚，到了他们老年，他们才是真正的民族文化的捍卫者。他们有这样一个思想过程，从对民族文化的彻底否定，到成为这个文化的守望者和捍卫者，他们有这个过程，这和他们的年龄段有关系。

杜维明：我想"五四"时期，或者说是新文化运动时期的学者们最难理解的也就是我们现在讨论的这些课题，就是说，怎么样平心静气地对待中国传统上的精神文明的问题。比如说大乘佛教，现在我们大多承认它是中国传统精神文明的一个方面，但当时有很多学者不一定这么看，像胡适之先生，就认为印度佛教传来中国，是中国的大不幸。他认为佛教使得我们中华民族从汉唐以来昂扬的斗志完全消减了，以至于我们面对西方的侵略时完全无能为力。另外一个例子呢，就是他们主张去掉方块汉字，像您刚才提到的。

辜鸿铭

我记得饶宗颐先生就特别提出,我们需要通过了解汉字的内涵和形式之美来了解中国文化的精华。当然,"五四"的时候要去除汉字,我们多少可以理解,首先是因为它不能被翻译成数码,也就不能变成电报来传达信息;另外,它也不能被输入打字机,拉丁字母就几十个,很好处理,汉字这么多,当时根本没办法输入,发行报纸也没办法使用汉字。所以当时他们认为汉字本身就是一个文化落后的标志,其他所有的文明,除了象形文字以外,都是用拼音、用字母的。作为强烈的爱国主义者,促使他们主张必须去掉汉字,而且主张走这条路的不是一个人,而是很大一批人。当然,当时也有人对他们的这个观点提出置疑,甚至强烈反对,像辜鸿铭先生。辜鸿铭先生其实在欧洲受的训练非常严格,据说在爱丁堡跟Carlyle(卡莱尔)这位当时最大的史学家学习过,他的英文也很优美。另外还有梁漱溟先生等几位。虽然如此,当时知识界的主流仍然有这样一个预设,就是说中华民族如果不把它的传统从根本上铲除，就不可能成功地引进西方的科学、民主这些价值。其实直到今天我们讨论这个问题的时候，很多人还在坚持这个想法，认为像儒家这样的传统，不可能和科学、民主、自由、人权这些观念相合。在"五四"的时候，他们认为传统的现代化有很大的问题，所以我们必须牺牲，塑造我们民族成为我们民族今天这样子的这些基本价值，我们必须彻底铲除。这种观点在我看来是太过乐观了，如果只要以反传统的方式就能把传统的价值铲平，而且消灭传统之后西方的这些伟大的价值就能自然进来，我想未必。我觉得，如果我们只是简单粗暴地对待传统，那么对西学的引进也一定是肤浅的。如果你对传统的核心价值不加以重视，不加以研究，那你对西方的核心价值也很难理解，也不可能成功地引进。科学和民主不是功利的，科学是追求真理，民主是追求正义，早期我们对科学和民主只是作为工具利用，这对我们没有好处，它们应该体现更深刻的价值。从"五四"传统以来，有一种现象让我觉得最难过，就是总以中国文化的糟粕和西方文明最高的价值来相比。我们的传统就只是鸦片烟，只是皇权专制，只是等级秩序，只是男尊女卑。那么西方的价值是什么呢？他们有自由、人权、民主、科学。那么我们各方面的习俗都要丢掉，包括道家的、佛教的、儒家的传统都要统统消除，西方的这些资源，不管是不是能够实现都必须统统引进。这种态度很有些像阿Q。那时候的文化态度太极端了。尽管我也像您一样不得不钦佩他们那时候的爱国主义精神，但他们对待传统文化的极端心态一直到现在还有很大的负面影响。

昨天有朋友提到，儒学要走向世界，首先需要面向中国，这我完全赞成。也就是说我们必须首先拨乱反正，以一个平和的心态

公正地看待儒家。在我看来，儒家是开放的、多元的，而且它的内部有一种自我反思的精神传统。我们完全可以对它进行很严格的批评。其实"五四"时期的那些知识精英对传统中糟粕的批评，我们都能接受，但是除了这个糟粕以外，中国传统文化内部，包括儒学内部，还有很多深刻的东西，我们不能完全忘记。像您刚才就提到，我们的传统中很多做人的道理，以及我们的文字之美，这些深刻的东西，我们现在很多人都忘了，实际上，这不是小问题，而是涉及到一个民族怎样理解自身文化、怎样进行自身定位的问题。现在一个重大的工作是怎样使这些最精华的文化价值能够在社会生活中体现，怎样使得中国人感受到我们博大渊深的传统不仅存在于历史中，而且现在仍然是我们借以和世界其他文明相互对话的精神资源。我觉得也许现在时机已经到来，我们应该呼吁一种核心价值的对话，让我们文化传统中的核心价值和西方的核心价值进行对话。这个对话的目的不是评比，不是计较高低优劣，而是要参照和互补。我举一个例子，最近有机会在莫斯科见到了Habermas（哈贝马斯），他是坚持西方理性主义启蒙传统的，他的演讲题目是"个人的尊严、法律与理性"，但同时他也提到了对宗教信仰的重视,也就是说他承认在理性之外,宗教信仰也有一定的价值。那么,我认为在理性与信仰之外,还要看到中国传统中对"恻隐之情"的强调,也就是对同情的强调。在现代的社会文化中,应该使这些精神资源相互结合。如果只是坚持实证主义立场上的严格的理性,而将我们儒家强调的"良知"、"本心"仅仅看作是一种普普通通的情感,不能接受客观的检验,不能建构严格的哲学系统,这种看法我觉得是有失公正的,也是简单轻率的。

范 曾:误解。对。

四、关于重礼主敬

杜维明:另外我们前面谈到"礼"。您也提到很多"礼"的传统。《论语》里

哈贝马斯

面提到过"礼"和"刑"的对立关系。"刑"相当于法律的外在形式,而"礼"相当于英美世界中的"习惯法",它不仅是作为社会规范的条条框框,不仅是中华民族历来的调控系统,而且是人的内在德性得以展现的具体形式,通过"礼",人得以展开他的社会性,并且在各种社会关联中发展和完善自己的人格。有一个学者,Richard Rorty(理查德·罗蒂),他说我们作为现代人有两个选择,这两个选择只能取其一。一个选择就是自我实现(Self-Realization);一个选择就是服务社会(Service to Society),这两个不能够同时并进。他认为自己作为一个哲学家,目的就是自我实现,来创造他的哲学思想,服务社会是别人的事。那么在中国传统文化中,甚至在我们现在的理解中,这种想法都是很奇怪的。其实每个人都是特定关系网络的结点,如果和这个社会没有关联,我们怎么可能自我实现呢?

范　曾:不可能。

杜维明:不可能。所以我觉得传统的儒学有很多非常深刻的价值,能够跟西方最深刻的一些价值进行有意义的对话。大家相互参照,互相学习,这样的话,虽然我们在经济、政治各方面差距很大,但是慢慢可以形成一些文化共识。是不是能够使中国传统思想成为普世价值,我们不知道,但是可以努力让这些资源慢慢成为人类的共识。

范　曾:好极了,好极了。昨天我谈到康德,康德曾经讲过,如果讲要找一个能够统摄万物的最后存在者,对理性无疑是一个深渊。因此,因为理性的方便,我们可以找到一个合目的性,这个合目的性,我们可以调节性地使用,而不要结构性地使用。但是19世纪,马克思批评康德说,他的合目的性为上帝留了个位置。我想这个位置是一定会必要地留出来的。因为人类的理性再发展,也无法达到宇宙的大智慧的万分之一。这个无穷无尽的宇宙,它是有很多的奥秘需要探究的。我记得去年,我和杨振宁先生在新加坡有一个同台的讲演,就是谈美。他说科学家没有发明,只有发现。他说,如果没有19世纪英国的麦克斯威尔这个方程,从今天的麦克风到天上的航天卫星,都不会存在。可是,难道人类亿万斯年以后,我们子子孙孙无穷匮也,就不可能有其他的方程了? 还会有。一定的。所以康德留下这个位置,他不讲具体一个人,因为康德以为上帝是无法凭藉理性证明其存在的。他对莱布尼茨的批评是以为他的学说有欺骗性,因为莱布尼茨讲绝对必然,必然有个绝对的存在物,它是以必然的方式存在着的,一个最高的存在者。这很明显,就是上帝。莱布尼茨也是很伟大的数学家和哲学家。能够值得康德批判的人,也就相当伟大。我想谈一个民族性的问题。的确,和民族的思维方法有很大的关系。我想东方有很值得自豪的一点,就是东方无神。这怎么讲,我们到处看到有神仙啊、拜佛啊,庙宇啊、丛林(佛寺之谓)啊,其实从佛教的本意来讲,六道众生皆可成佛。儒家认为是,人皆可为圣贤。佛多的很,三世诸佛,过去佛、现在佛、未来佛,像恒河沙数,像恒河的沙子一样多。在东方要找到一个,为硕彦大儒或大德高僧相信的神,我想是比较困难的,所以我说东方无神。可是,东方有宗教,宗教是什么? 宗教有教主、有经典、有信徒,是谓宗教。那么儒学,我觉得可以讲是儒教,它有经典，有四书五经，有十三经，有很多历代杰出的思想家所留下的丰厚的经典。中国是个非常爱文字的国家，文字的积累是不得了的。中国古代也有文人，光愿意留他的说，而不愿意留他的名，这是些伟大的学者。比如讲我的字"十翼"，伪托是孔子注的，一定是上古里极大的学问家。但他光留学而不留名，他为的是这个民族的思想，这个民族思想的传播和引导。中国古典著作之中有很多民主性的精华，毛泽东都说过，发扬其民主性的精华，剔除其封建性的糟粕。三纲五常这个"三纲"固然可以考虑是一个糟粕，仁义礼智信，我估计不是糟粕，这就是精华。而且，早在2500年前到2300年前，中国的人文主义精神，我们从经典中可以找到，孔子的"仁者爱人"。孔子，他实在是一个圣人，他质实而不装腔作势。"吾有知乎哉，无知也"，这个和苏格拉底讲的我所知者唯我之无知，是一个道理。苏格拉底当然比孔子晚上几年，这个苏格拉底肯定没有看到孔子的说法，可他说同样的话。孔子还说："吾少也贱，故多能鄙事。"我小时候地位相当的低贱，所以能干很多累活，吃苦的事情我不怕。从这可以看出他的朴实无华，作为一个圣人，实在是很难得。而且他的仁字所包含的意义之广泛、之深刻也是很有待于我们发掘的。我甚至可以说，世界上最早提出取消死刑的是孔子。2500年前，孔子讲："善人为邦百年，亦可以胜残去杀。"善人为政百年，这需要三代人，三代人为一百年，可以胜残去杀，刑法可以不要死刑可以取消。这个在世界上找一找西方的经典，我不知道是不是2500年前有人这样提出过，取消死刑制度。孟子所讲的更明显了："民为重，社稷次之，君为轻。"这种很简约、明确、掷地有声的人文主义提法，充分体现了语言之美、思维之深刻和力量。

天与人 ——儒学走向世界的前瞻 杜维明 范曾 对话

《庄子》

中国语言有时候要言不烦，也像佛家讲的"妙悟者不在多言"，事实上也是这样。如果按照西方的线性逻辑思维，中国的俗语就是"一根筋"，一根筋想下去。他会是格物穷理，一直穷追当然是有道理的。可是中国人的思维是大而化之的，刚才您讲的，中国重大而化之。战国时代，有个惠施，他提出过一些命题，连庄子这么思想开放的人都不太能接受。比如讲"一尺之棰，日取其半，万世不竭"，这是物质分割的一个无穷尽性啊。我不懂科学，可是我经常和科学家交往，因为我能听到我完全不知道的东西，他们也能听到他们不太了解的东西。杨振宁先生就说，一个人头发的横切面可以排列无以数计的原子，可见人类现在观察细小、微末的部分已到了这个地步，可是人类可以捡出其中的一个原子，来把它排列成图案。那分割完了没有？还没有，远远没有完。因此，就渐渐接近中国的"无"了。就接近老子所谓的"无，名天地之始"、"有，名万物之母"了。这是中国这个大而化之的思维与西方的邂逅。东方的妙悟还需要实证科学继续做很多的工作。中国吃亏在逻辑思维没有发展，因此中国的数学不能够很好地发展，因为数学的灵魂是逻辑。有一次，我在清华大学做报告，我说诸位数学当然不错，要不然你们到不了清华大学。我说我考你们一个问题，二分之一加三分之二加四分之三加五分之四等于多少，抢答。大家相看而笑，没有一个人站起来。我说等于二又六十分之四十三。我说范曾没这个算数的能力，这是《九章算术》上的一个题目。汉代的《九章算术》，它是算数的"术"，它不是一个逻辑推演的结果，不是假设求证得出根，不是这个过程。而且中国自古以来就有对"机心"的提防，庄子就认为"有机事者必有机心"，有机心，人类就会堕落。《庄子》中有子贡对一个浇水的老人说，现在发明桔槔了，出力少而事功大，你为什么不用桔槔？子贡遭到老农夫的斥责，这就是昨天讲的，《庄子》里经常对儒家，通过重言来编造些故事，通过卮言来纵横恣肆地想出些问题，通过寓言借此而说彼，这是庄子的博大思维。昨天有个同学很妙地提出问题，讲他是不是站在更高、更远的地方，我说对，你讲的对。他啊，不是站在人世任看问题，他要在宇宙环中、在环中看，他以人观小。因此，人间世的一些东西，他认为都是无足轻重的。《庄子》里提到一些圣人，说古代有一个女偊，年纪很大，可是白发童颜，她不断修炼，最后修炼到心如死灰，当修炼到心如死灰的地步，再也燃烧不起对生命的热情。这绝对不是中国的儒家所希望的，她缺乏一个活泼泼的生命。王阳明先生讲的，活泼泼的生命，能够做很多事情。中国无论是庄子也好，老子也好，他给了我们什么？给了我们一种思维的智慧。而这个智慧呢是非常了不起的，东方所特有的。有这个智慧的民族比较容易吸纳西方的东西，就宛如佛教，到13世纪，印度已经完全没有佛教了，都是印度教。中国13世纪佛教继续发展，中国文化有容纳性。因此，你看这改革开放三十年，中国变化有多大，不可思议。如果鲁迅、瞿秋白先生活到今天，一定会慨然长叹："换了人间"。换了人间又遇到问题了，讲中国污染最大，中国要承担很大的责任，在哥本哈根会议上，美国代表尤然将矛头冲中国来了。你不想想，你要中国一开始发展就注意很多的细节，那中国有今天吗？在做事以前都想得那么周到，中国发展会很慢很慢。可是你想人家美国在一百年前，芝加哥城是个臭城。今天是这样吗？不是这样。他把这个过程忘记了。他要求中国今天做每件事情都要那么周到。我想我们会周到起来，我们已经在哥本哈根会议上提出了保证，虽然不如巴西，我也非常佩服巴西,中国也提出2020年减少排污40%到45%,对于这么大一个国家是非常了不起的。可是你不能继续叫中国现在修铁路停止,钢厂停止,中国不发展了。正如杜先生上午讲的,空气的污染不能以人口的底数来算个平均值。因为这个污染全世界都会有,都会遇到。可是有一点,我想中国每个人平均的钢,是确定是发达国家还是发展中国家的一个很硬的指标吧。中国的代表提出这个问题。中国要持续发展,要科学地持续地发展,我想这是对的。

杜维明:我回到您刚刚提到的中国文化的宽容精神。正因为宽容,所以儒释道三种不同的思想形态能够和平共存那么长的时间,而且互相借鉴,发展出波澜壮阔的精神世界。当然,现在我认为中国应该有五教了,基督教从利玛窦以来已经成为中国文化的一部分;伊斯兰教从元代以来就在发展,而且有几千万的回民,还包括维吾尔族;儒家思想中的宗教特征在韩国、日本和东南亚地区都被广泛接受,这些和道教、佛教一起,可以算作中国目前

比较有影响的五种宗教性的精神资源。即使我们说儒家不是宗教，但儒家确实具有宗教性，它的精神中有超越性的一面，如果把这种超越性消解了，那就不成为儒家了，那天与人的问题也就谈不上了，就完全变成某种只具有凡俗特点的人文主义。

儒家思想的核心价值，我认为就是仁爱的"仁"。虽然我们常常讲仁义礼智信，但这个仁爱的仁，并不完全是与其他四种德性并列的一个具体德目，它是一个通德，就是说其他各种不同的德目，都和仁有密切的关系。义和仁有关系，礼和仁有关系，智和仁有关系，信和仁有关系，勇和仁有关系，忠和恕也和仁有关系。任何一个德目，假如没有仁的因素，那这个德目本身就有堕落的可能。假如义而无仁可能变成比较尖刻；礼而无仁，就变成形式主义；智而无仁的话就可能只是小聪明；信要无仁也是小信、小义；勇而无仁就变成匹夫之勇；忠而无仁就变成机械的服从或者愚忠。所以仁非常博大，同时，每一类价值都可以丰富仁的内容，礼啊、勇啊、信啊，都能丰富仁的内容。所以仁的这一观念非常的宽。面对世界现在碰到的各种不同的问题，如果我们需要的是心灵的救赎，或者说心灵的重振，那么最应该受到重视的精神资源就是"仁"。如果说我们要具体地讨论"仁"的话，从孟子的角度说，就是恻隐之情。我想到一个自己的经历，很多年前在意大利，我和德国非常重要的哲学家Gadamer（伽达默尔）有一下午的时间对谈。我只想问他两个问题：一是他对于同情的看法；另外一个问题是他对于普通人的生活常识的看法。他作为德国的大哲学家，秉承了很强的理性主义传统，他不能完全接受同情的重要性，认为同情是会被利用的。也许作为德国人，他

伽达默尔

想到的是纳粹曾经利用同情鼓动过日耳曼的民族主义情绪,但是他不了解儒家所讲的同情是恻隐之情,是人性中普遍存在的基本德性。另外呢,关于普通常识,您也提到过,儒家最基本的价值就体现在人伦日用之间,它没有另外一个世界来体现。我们只能从日常生活中,从每天碰到的基本的生活习惯中,从人与人的相处中,来了解仁、爱、慈悲这些儒家基本价值的重要性。

范先生,我们谈了很久,可能要把时间留给在座的诸位来宾了。

杜维明先生与西班牙神学哲学家磐尼卡对谈

学术互动

主持人：谢谢两位先生。今天在座的还有北京大学和清华大学的知名学者和教授，我想能有这样一个机会参与到两位的对话当中来，也是非常难得的。首先我们请北京大学的董强教授好吗，看看您有什么要说的。来吧，话筒递给他。这边，谢谢。

董　强：好，多谢二位。今天真是非常愉快，感谢两位教授的精彩对话。今天的副标题是儒学走向世界，两位也都是学贯中西的大家，杜先生常年在美国名校任教，对国际思想界做出了杰出的贡献；范先生也是如此。我想问两个问题，因为我最近刚刚把《论语》翻译成法文，所以我在法国也做一些儒学的推广工作。我遇到的法国人经常会对儒学提两个问题，所以我想反馈过来，向两位先生请教。第一个问题，他们认为儒学里头，留给女性的位置太低。西方男女平等的概念已经根深蒂固，所以每次要讲孔子、讲儒学，都会首先遇到来自这方面的抵触。您两位对这个怎么看？第二个问题，就是中国现在的家庭结构问题。西方很长时间以来就是小家庭，不会碰到中国在现代化过程中出现的很多家庭问题。中国现在家庭内部的

北京大学董强教授

"代沟"越来越严重,刚才范先生讲到老年人对年轻人的很多行为看不惯,事实上,随着现代社会的发展,我们未来的80后、90后的孩子接触的新事物越来越多,知识结构比父母超前许多,甚至很多时候是孩子在教育父母,也就是所谓的"反哺"现象,当然由于这种差异,也造成很多子女对父母不敬重的现象。那在这样的新环境下,有没有可能像传统大家庭一样保持一种和睦?希望两位能就这两个问题提供一些意见。

范 曾:西方的学者对中国的学问缺乏一种方法论上的认识。因为中国的学问是个大而化之的学问,你就得用大而化之的眼光去看它。(按:《孟子·尽心下》"大而化之之谓圣",则"大而化之"一词在中国哲学上,实有神圣之地位。)外国学人往往抓住一点,不及其余。譬如孔子讲:"唯女子与小人为难养也,近之则不逊,远之则怨。"这里的

"女子"二字恐怕指近身的少数人,谈到孔子对女人,他那个孝,是包含全社会人对女子的一个极端的尊重。"父母在,不远游,游必有方。"孔子之学造就了中国一个很重要的品质,就是"孝"道。我想母亲是全世界最伟大的女性,它是幼小生命的呵护,是一个人成长的希望。孝道本身包含了很多的内容。我们不能从一句话来否定孔子。当然后来也有人为孔子辩解的,讲这个"女"作"汝"字讲。我想来想去,也有点不太通畅。干脆,就这句话而言,孔子作为圣人,他也会有疏漏不确,也可能有大而化之的地方。有时候也即物生情,忽然讲了这样一句话,这是有的。可是,对中国这个国家来讲,从来把"孝"字放在第一位。我记得司马迁在《报任安书》里,当然,他当时是为李陵辩护。我们先把李陵放在旁边,我谈一谈司马迁对国士是怎么分析的。第一个就是"事亲孝,与士信",事亲孝,当然是对父母长辈的责任,与士往来讲信用;"临财廉",遇到财产很廉;"取予义",取和给,要讲义;"分别有让,恭俭下人,常思奋不顾身,以徇国家之急。"他把中国的大丈夫精神,通过一个国士的描写来讲出来。他最先也是提到"事亲孝",当然事亲孝也带给中国历史上一些问题。有些问题,我想从正面来了解,是非常有意味的。《论语》中讲到一个故事,有一个人偷了人家一只羊,他的儿子去汇报,孔子讲应该"父为子隐,子为父隐"。以孔子的博大智慧,绝对不会认为偷人家一只羊是好事。可是你们想想,一个儿子去汇报父亲,那个嘴脸是何等的丑恶?我爸爸要偷了人家一只羊,我一定不去报,想办法把这只羊牵到人家院子里去就行了。为什么孔子会作如此讲?因为春秋之世,列国纷争,夺取王位,弑君弑贼,比偷羊要大得多的事情比比皆是。为这件小的事情,你失去了另外一个最大的道——孝,那是不值得的。当然中国的"孝道"在历史进程中也有负面的成分,有些宫廷的女子,本来由贵妃而皇后,到了她要窃取政权的时候,首先利用孝道来控制住帝王。武则天是这样,西太后也是这样。她们两个人都统治中国四十多年,当然武则天统治的好一点,西太后呢?也不能讲这个人没本事,能在男权的社会统治四十多年,没有点本事大概不行。可是清朝气数已尽了,说什么也回不来了。这也是孝道造成的一些负面的影响。可是归根结底,孝绝对是很重要的事情。我判断一个人的人品,看他对父母怎么样,对父母不孝的人,你还可以跟他交朋友吗?不可以。我可以告诉在座的青年学生,也许我这个不正确,和父亲研究问题,讨论一个诗歌的好坏,等等,都是父亲对。我父亲是很卓越的诗人,我当然也是诗人。父亲讲这首诗怎么怎么好,我只说"对",其实我并不一定认为好,爸爸做的诗没有说,拿到我面前我大为赞赏"好,完全杜甫之风啊!"父母生你、养你,给你血肉之躯,这一点孝心都没有的话,还谈什么为人处世?你不就哄着老人玩吗,让他高兴就行了,他已经八十几岁了,你还跟他争高下,干什么啊。我认为诸位在座的,如果能在孝字上想尽一切办法,使你父母亲高兴,你在人格上就前进了一步,这个是容易做到的,而且也是你本性具备的。

杜维明:您刚才提的两个问题,有很大的挑战性,对我也有很大的启发。我觉得如果儒学要进一步的发展,不能不面对女性主义的挑战,主要是男女平等的问题。我曾经到韩国梨花大学,也就是韩国最大的女子大学,参加他们的"茶山"讲座,讲座主题就是儒家传统对于女性主义可能的回应。我承认,儒家在过去的形态中确实是男性中心主义,但这种男性中心并没有特别针对性地歧视女性。

在前现代的大部分文明传统都是这种男性中心主义。直到今天，天主教和伊斯兰教还没有突破这个问题。关于儒家思想中的"唯女子与小人为难养也"，我也和叶嘉莹教授讨论过这个问题，部分学者认为"女"字应该解释成"汝"，"养"字应该宽泛地理解成"相处"，"唯"当然只是古文中常用的语气词，那么这句话的意思大概就是"你这个人和小人很难相处"。当然这样就回避了女性主义的问题。如果不是这样，我想至少这个观点也不是一个性别论说，而是一个政治论说。也就是说，古代一个在位为政者，他旁边常常会有很亲近的男仆和女仆，甚至是自己的家眷，由于他们多半没有机会受过较好的教育，所以在情感上离得太近，权力的公正性会被腐蚀，离得太远，这些人会怨，会影响情感。在传统中国，从不讳言女性角色的重要性。我们知道，儒家的核心价值，多半是通过身教，而母亲的身教，在后代的教育问题上作用巨大。所以在17世纪，一位儒者的母亲就对他说，我要你向两位无父之子学习，一个就是孔子，三岁父亲就过去了，另外就是孟子，大家都比较熟悉"孟母三迁"吧。那么在现代，范先生刚刚提到了，很多重要的政治家、学问家、在企业方面有成就的人，大半是受到母亲身教的影响，这实际上是中国传统的延续。古代的士人如果有机会做官，一般由于避讳的关系，不会在家乡做官，而是远在外地，在这种情况下面，家里的事情，大小事情，多半都是由他夫人来处理。经商的家庭也是如此。所以女性实际上在古代的家族中有很大的权力。那么，我们现在来谈家庭，这是一个值得重视的大课题。我们现在经常讲的孝子，是孝顺儿子的意思，倒不是希望儿子能够孝顺父母。可见，现在家庭的问题确实应该好好讨论了。家庭是一个复杂的体系,三五个人,有性别的差异,有年龄的差异,有地位的差异,有权力的差异,所以要让一个家庭和谐,需要很大的智慧,并且需要每一个人都参与,只要其中有一位不愿意参与,有一位要抗议,那就很难和谐。单靠父亲的权威,或靠母亲的爱,或者靠孩子的孝顺,这都是不够的,需要共同努力。联合国曾经提到,有五种不同的家庭,其中有单亲的家庭,甚至还有同性恋的家庭,总之,只要是人,一定要通过像家庭一样——不一定是家庭本身——的一种社会组织,使他能够成人,能够成熟。所以儒家关于家庭的基本观点仍然是一个很重要的思想资源。儒家并不是以浪漫的态度看待家庭,而是有着非常现实的态度,对于家庭的复杂面相有非常深刻的思考。《孟子》里谈到舜的家庭,他的父亲愚顽不化,继母对他又非常凶狠,而他的异母兄弟一心想占有他的财产。舜到井里疏通水井,他们就落井下石;他到屋顶修房子,他们就把梯子搬走。舜就是一直身处这个最糟糕的家庭里。但是舜以自己高尚的德行,能够把这么糟糕的家庭维持下去,非常不容易,这是我们绝大部分的人做不到的。所以儒家说的"父慈子孝,兄友弟恭,夫妇有别,长幼有序"这些基本的价值,如何能在家庭中体现,是一个非常大的挑战。所以我认为儒家要进一步的发展,必须对女性主义所提出来的问题做一个有创造性的回应。另外儒家对于家庭的理解,这个智慧还应该在21世纪起非常重要的作用。

主持人:下面我们有请北京大学社会学系的夏学銮教授。夏教授。

夏学銮:我现在是在社会学系,但原来是哲学系毕业的,所以跟两位先生也是同行。今天上午和下午一直都在聆听教诲。杜先生跟范先生的对话，我认为不仅是两个学者的对话，也是中西文明的对话。当然不是说杜先生代表西方，范先生代表中方，而是因为两位都是融贯中西的大家，都对中西文明做过深入的研究，了如指掌。所以今天的对话，我觉得是智者的乐园，也是思想的盛宴，我感到收获很大。我做一些回应，因为我是哲学系毕业的，对中西文化也有一些粗浅的了解。我基本上认为中华文明是以人文理性为特征的文明，西方文明基本上是一个以机械理性为特征的文明。当然人文理性又有它具体的表现，比如说，我觉得至少它有内源性、内省性、内发性、伦理性，而西方文明，它又大概具有外源性、外发性、外思性、科学性等特征。就好比，苹果掉在牛顿头上，牛顿发现了万有引力定律，但如果砸在古代中国学者或者其他中国人头上，他不会这样思索，而是可能会考虑自己是不是做了什么错事，上天对他进行惩罚。他就表现出中国文化里面固有的对自身德性的反省，和这种文化对伦理生活的关注。当然，这两种文明各有长处、各有千秋，是互相补充的。二位也提到现在西方学者逐渐开始关注中国的传统文化，当然现在我们也在反思，我们的儒学

北京大学夏学銮教授

怎样走向世界。这里我想提一个问题，我们中华文明或者儒家能不能承担挽救人类精神颓废的使命？如果可以的话，我们的儒家哲学自身还需要做怎样的改善？这是我考虑的问题。

杜维明：我们大概从上个世纪80年代就提到中西文明十年河东，十年河西，也有人说，21世纪是亚太文明、是东亚文明、是中国文明的世纪。现在看来，范先生也在直接参加联合国多元文化的工作，这个文化多元化的趋势是不可抗拒的。美国有一段时间是文化单向主义，这个单向主义成为美国当时意识形态最强的一个方向，可是基本上失败了。有人说，在文明类型上应该有三极，分别是北美、欧盟和东亚，只有单向是不行的，以前社会主义和资本主义两极化也不好，三极的世界才能比较稳固。我对这种看法也很怀疑。印度文明现在确实在上升期过程中，另外最近所谓的金砖四国，还有俄罗斯的文明，乃至巴西的文明，也就是拉美的文明，都在发挥越来越重要的作用。我相信尽管伊朗现在受到世界各方的谴责，但是往前看，伊斯兰的文明一定会崛起，不仅在中东的伊斯兰世界，而且在印度尼西亚也是如此。印度尼西亚有上亿的人口，有非常丰富的资源，还有爪哇的原住民传统，影响都非常大。甚至我认为，非洲也会对人类文明的发展作出更多积极的贡献。所以我有这样一个设想，曾经在美国人文社会科学院也提到过，就是多元现代性的问题。这个设想下面有两个基本的预设，一个就是传统是现代性中的传统。我们的传统事实上在塑造各种不同的现代性。譬如说，法国的传统和德国的传统在塑造它们各自的现代性时，就表现出各具特色的现代性。甚至即使是同一个传统，在不同的地域，塑造现代性的过程中也有不一样的体现。儒家传统在塑造日本、韩国、越南以及文化中国的现代性时就表现出不同的色彩。第二个预设，就是整个现代化的过程中，可以拥有很不相同的文化样态。譬如说日本绝对是现代的，但日本的文化样态和美国、西欧有很大的不同。将来中国的现代化形式，可能和日本和韩国也有所不同，跟欧洲也有所不同，大家应该互相尊重、和平共处。在这个现代化的过程中，特别是在文化中国的现代化过程中，我们要看到，儒家只是文化中国的一种思想资源，佛教、道家、道教也都是文化中国的思想资源，并且发挥着很重要的现实作用。儒家要推进文化中国的现代化，并且在现代化的过程中发展自身，就必须要以开放的心态与其他精神资源很好地合作。同时，我们还应该认识到，儒家的传统所发挥的作用并不仅仅局限在文化中国，而是同时对世界其他区域发挥着很重要的影响。甚至在最近的30年，对儒家传统走向世界贡献最大的，基本上在我们所谓的儒教文化圈的边缘，而不是儒教文化圈的母国。第一次讨论儒家伦理和世界经济发展的会议在釜山召开，也就是在韩国，第二次在箱根，是在日本。80年代，从我协助新加坡组建东亚哲学研究所开始，他们花了10年的时间来讨论儒家的现代化问题，以及儒家对世界文明可能做出怎样贡献的问题。80年代，日本的文部省还支持一百多位学者研究日本的儒家传统到底对东亚的现代化过程起了什么正面或负面的作用。甚至包括北美，也已经做了很多这样的工作。唐君毅先生曾经说儒学的发展当时是"花果飘零"，现在飘零的花果开始在世界各个地方取得了不错的发展，现在大概到了"灵根再植"的时候，这个灵根，我认为一定是中国大陆。灵根如果不能在儒家的母国稳固下来,那么世界其他地区那些飘流的花果恐怕也难以获得长远的发展。余英时先生曾经忧虑地说,如果我们再不努力的话,儒家就变成游魂了,没有载体的幽游魂。最近哈佛出了一本很厚的书,作者很极端,认为新儒学的发展已经是一个失落的灵魂,Lost Soul,因为它已经没有挂搭处。这种观点我在60年代就想反证。当时一位很重要的西方学者,Levenson(列文森),他在《儒教中国及其现代命运》这本书里说,儒教中国的命运已经被判决了,有哲学创建性的儒家学者不可能再出现了,儒家也许还可以作为一种生活习惯,或者说作为一种潜在的生活经验,被无意识地保留下来,但是有创建性的儒家学者不可能出现了。事实上,我这几十年的努力,就是希望证明这种观点是一种错误。当然,这位先生,这位犹太学者,提出这个观念时,怀有非常深刻的痛切之感。因为他自己是犹太教的信仰者,他看到儒家的发展状况堪忧,担心犹太教、基督教、伊斯兰教这些文化传统也会逐渐走向没落。但是,就像

唐君毅先生

我前面谈到的那样,儒家思想中的基本资源,包括我们今天讨论的对人的理解、对社会的理解、对自然的理解,乃至对天地的理解,这种人文精神确实可以为现代人类文明提供重要的参照。如果能够认识到儒家思想和现代文明结合的可能性和重要性,那么儒家进一步发展的条件就比较充分了,甚至我们可以期待儒家成为21世纪人类文明最主要的思想资源之一。

范　曾:我愿意很乐观地想象未来。人们估计20年以后,操英语的人大概有30亿,操汉语的人大概有20亿。因为我们中国底数大,本身就有16、17亿,这是一个巨大的数字。杜先生讲,我们先做好儒家走向中国,这个是我们身边可以做的。儒家走向世界,那现在孔子学院,和世界性的学汉语的热潮,是一个前所未有的、在中国历史上所未曾见的奇迹。如果有20亿操汉语的人而他们都把儒教作为一个崇高的信仰,虔诚的对待,就需要一个普世的态度。就是我特别强调的,从少小时开始,它的意义将来会非常之大。因为我们今天为什么要特别强调中国语言之美?因为它博大、沉雄、简约、典雅。它要言不烦,你可以以此简洁的语言来检验自己,所以杜维明先生提出来,我们走向了一个心学之时代。这真是抓住了儒学的要害,从孔子到王阳明,这是两千年中一个巨大的存在,看了杜先生的著作和文章以后,心里非常之温暖,感到可行,感到不是空话,不是一个失落者的哀叹,而一个"来吾导夫先路"的践行者的号召。这对我们每个中国人来讲,是可以值得自豪的事情,也是要我们努力去从事的事情。

主持人:好,那下面我们请清华大学国学研究院的陈来院长,也跟两位交流一下。陈教授。

陈　来：两位辛苦了。我看两位下午很有精神，谈话内容非常广泛。那我还是回到我们前面的一些话题吧。我记得上午有个女生提了一个问题，她认为佛教有很多发明本心的智慧，认为儒家主要是怎么处理各种外在社会关系，所以她就希望了解儒家内部对于心的思想资源。我想她可能对于佛教了解得比较多一点，对儒家的经典看的少一点，如果我们简单地浏览一下历代的经典，至少从先秦就可以看出对"心"的注重。孔子不用说了，很多思想都跟心有关。孟子也讲了"尽心知性"，讲到"养心"，特别是"本心"这个观念是孟子最先发掘出来的。另外在《大学》里面也讲到"正心"，荀子也讲到了"治心"等关于心的问题。很久以后，在禅宗的语录里面，也有本心的概念，当然和儒家的"本心"不一样。后来的宋明儒者，像我们今天讲的王阳明，都是从"本心"这个概念开始，才能谈"心即是理"、"心外无理"。"心"在儒学里面一直是一个很重要的概念。当然，在汉代，如果就儒学理论的影响来看，讲"性"的影响更大。所以我们看到汉代以后，很多儒学的思想家更关注人性论，讲"心"的不是很多。可是从宋代开始，儒学里面讲"心"的太多了，而且宋明儒学里面讲的"心"，也跟"性"联结在一起，一般我们把这称为心性说、心性论。实际上，宋明儒学的心性论不仅吸收了佛教里面关于心性的智慧，也就是像这个女生讲的《金刚经》里边的这些智慧，而且也吸收了道家、道教的心性智慧，就是说宋明儒学对佛道二氏的心性论都做了吸收。所以宋明儒学里面的心性论的发展更全面、更深入。不仅如此，跟心性论相联系，宋明时期的儒学还有它工夫论的一面。

刚才范先生也提到工夫的问题，一会儿我再提。今天下午杜先生讲到身心合一这个问题，儒家虽然从先秦开始讲了很多关于"心"的问题，但是这个"心"是跟"身"，跟我们的身体、行为紧密联结在一起的。比如说，马王堆帛书发掘出来以后，其中一篇叫《五行》篇，后来在郭店的楚墓竹简里面，又发现了《五行》篇。《五行》篇里面，特别提到"形"的概念，而且和"德"配合起来讲，就是所谓的"形于内谓之德之行"。比如说仁义礼智，这些德性，如果是"形于内"，也就是说如果是从内心里面发出来的，这个叫真正的"德行"；如果不是从内心发出来，只是从表象上模仿的，那就只是一般意义上的行为，还不能叫道德行为。这个"形"字，我的理解是从内发，这样一种讲法，就好像刚才范先生一开始讲的大败之、大胜之，一个意思用不同的词，或者一个同义词表示不同的意思，就是汉语的这些奥妙。同时，这个"形"，更常见的用法是形之于外，那就涉及到比如说身心合一的问题了。其实《孟子》里边就讲了，那《五行》里面也讲了，说仁不是从内心深处发出来的吗？发到最后阶段，就是形之于外了，脸色就变成玉色，声音就变成了玉音，这是一个由内向外的发生过程，内在的德性跟身体密切结合在一起。其实《孟子》讲"睟面盎背"也是说内在的东西，它一定会表现为外在的东西。这种内外合一的观念，并不认为德性只停留在内心深处，谁也不知道，只有我们慎独的时候才能自己体知，而是认为德性一定会通过你的形体、面貌表达出来，可以被人感知。所以魏晋的哲学里，特别讲对人的鉴别，对人的面貌的感知，这个问题就联系到很前面范先生讲的"气象"的问题。气象不是一个纯粹内在的概念，而恰恰偏重外在的表现。如果整全地讲，气象是什么呢？气象就是一个人内在的境界、内心,冯友兰先生讲的"精神境界"。精神境界是内在的,但是它通过气象表现出来。所以我们像今天刚才讲到的,泰山岩岩也好,清、和也好,都是涉及到气象的问题。因为宋明儒学特别注重人的气象。修养要看你的气象怎么样,如果不讲气象,就不是宋明儒学真正要表达的全面性的看法。你只是在内心里面修德,在气象里面完全不能表现,不能让人感到,不能用你的气象去感召别人,这是不行的。比如以前冯友兰先生就说,蔡元培先生就是有这种气象,对学生有一种感召的力量,这种力量是一定要发出来的。这种气象,我想跟境界相关。孟子讲美大圣神,我自己还是比较偏重在境界上来看,但是它要发为泰山岩岩这样的气象出来。这不仅是儒学的传统,我觉得也是中国哲学的传统。西洋哲学里面不讲这个东西,它不仅不讲工夫,也不讲气象。所以境界、工夫、气象,这也应该是中国哲学里面,当然也是儒学里面特有的概念。这些概念怎么样走向世界,要跟各个地方的传统怎么样沟通,这可能是另外的问题。以上是我的评论。因为我和杜先生相处的时间比较多,所以对杜先生的观点相对比较熟悉,也就没有太多问题。我现在想向范先生提两个问题,听说您昨天也讲了康德,康德很喜欢问,比如说知识是如何可能的这样的问题。在我的印象里面,艺术家,特别是近代以来的中国艺术家,都比较摒弃儒学、唾弃儒学,尤其是厌恶宋明儒学,这是我个人的印象。艺术家能够同情地了解理学,在我看来是很难的,可是范曾先生不一样。以前我了解范曾先生是艺术家,今天我看范曾先生,他对中国古代的各种典籍,儒释道方面都用过功夫,相当博学,而且对西方也有很多了解。我想请教您,艺术家同情地了解儒家,同情地了解理学,如何可能?这是我问的第一个问题。第二个

天与人
———
儒学走向世界的前瞻

杜维明 范曾 对话

《孔子像》

问题,上午您讲完了以后,我掉头去往那边看范曾先生画的孔子像去了。孔子像很多,有我们唐代传下来的相传是吴道子画的孔子像,今年当然还有标准像的说法。范曾先生对孔子非常尊敬,而且做了很多相关的工作,还写过今年曲阜祭孔大典的祭词。所以这个像挂在这儿,我非常想请您阐发一下您作为艺术家创作这幅孔子像的思想历程。我就问这么两个小的问题。谢谢。

范　曾:明代还有一个思想家李贽。李贽《焚书》里面有童心说,我就写了一篇《童心论》。我把这个童心论渐渐地从年龄段衍生到一个本体论上去。童心成为一个大人之心、圣人之心。如果讲童心,它是一个无净垢,是无净无垢的本真之心,一个纯洁的心灵。《童心论》主要是谈到这个宋明理学所主张的致良知和根本善。一个童心未泯的人,他看待事物、看待社会、看待人生,会是一个非常活泼的眼睛,对事物以纯洁的心灵去体悟。最近到虎年了,要出几张邮票,我想很多画家画的老虎非常凶猛,好像要作万类的霸主,我这次就不画了。我画小老虎,越画越高兴,这些小老虎它有威风在,可是它又是很年幼的,一个充满了童心的动物。为了这件事,我还叫动物园拿了几只小老虎到我家里来。看了半天,我还抱起它来,它和猫差不多,当然重一点,头大一点,可是好玩。越画呢,我就激发了我的《童心论》里所阐发的那些理论。就像如果讲我这个大人之心,如果讲我要学习圣人之心,我对待这个东西应该怎么表现啊,就这个联系起来了。诸位再看这幅《唐人诗意》会感到我画这幅画时一定内心充满了喜悦感,充满了对万物生灵的那种爱心和欣赏,在和谐的心智下,放笔挥毫。这种精神状态是要持续的,因为中国画和西方画不一样,中国画是兴奋的,中

国画不是靠耐久力来作画,是靠灵性、灵感。这个灵性、灵感,它的发源地是什么很重要,如果发源地是一个内心很纯良的画家,它就会有纯良的艺术表现。我用早晨所谈到的心学所主张的致良知,王阳明所特别强调的心外无理,能够通过语言表现出来。这个是关于绘画创作的问题。关于孔子像的问题,这张孔子像,我参照了李公麟的和吴道子的,因为这样的动作,已经成为人们所相信的孔子一个动作。而这种动作又和《乡党》篇吻合,就是"鞠躬如也"啊。孔子有内在的谦虚,他为人有非常质朴的一面,非常纯良的一面,可是他又绝不是一个没有威严的人。因此,他要表现他性格相当矛盾的两方面。这是我创作孔子像时的基本观念。我也看了司马迁的《史记·孔子世家》,

知道孔子个子比较高大，称"长人"。我觉得李公麟他们画得太矮。在《论语》里所讲的，他还有"吾少也贱，故多能鄙事"的一面，那种来自生活底层的一些风霜，又是一个巨大的圣人。这几个方面，当然我表现出来的不一定是诸位心目中的孔子，可是我创作之时的确作如此想。

主持人：谢谢，说的太好了。那下面我们请南开大学的赵均教授也发表一下感言。您看有什么问题，也可以向两位提出来。话筒递给他，谢谢。

赵　均：在这里向两位大师表达敬意，作为年轻人在这课堂里头，我连续听了三次，心里充满了敬意。让我感觉到了两位先生、两位大师的情怀。这种情怀当中，也传达出了一种伟大的人格魅力。正像大理学家张载所讲的："为天地立心，为生民立命，为往圣继绝学，为万世开太平。"在我理解，这是往圣先贤，也就是我们传统中国知识分子的一种人生使命。通过两位大师精彩的讨论，我想看到了节目的

赵均教授

观众，也会坚信传统儒学的仁爱，还有孝悌之心、忠恕之道，仁义礼智信的观念。我坚信这个一定具有普世价值，而且我也坚信它是可行的。比如说范先生，前一个讨论也谈到了，关于活泼泼的一种心灵，包括杜先生一直谈到的关于儒家的核心价值。比如说《论语》里也讲到的"吾欲仁，斯仁至矣"，这对每个人来说，都是可行的。因为它有内在心灵的基础，这一点杜先生特别反复地强调了。我对这句话的理解是，如果我想要行仁，那就一定可以行仁，因为我的良知一直存在着。有了这种良知的自觉，人就可以做到思无邪；思无邪就可以与人为善；与人为善就可以有和平、有和谐。我想这种核心价值对于当今世界仍然是非常宝贵的，今天的"儒学走向世界前瞻"的主题似乎也给人们带来了一种希望。就是说儒学的核心价值有可能在世界范围内产生更广大、更深刻的影响。接下来我想提一个问题，在当今世界全球化的背景之下，作为我们中国的年轻人，正在接触越来越多的知识和价值观念，那么我们应该如何辨析儒家的核心价值在世界整体文化中的价值、位置，以及它和西方文化核心价值的关系，如何理解它们之间的差异和共同性呢？比如说怎样理解基督教信仰中的爱，和我们儒家的仁，我们儒家的孝悌之心、忠恕之道？请两位大师谈一谈，谢谢。

杜维明：我简单地回应一下，举一个例子吧。联合国在2001年，由科菲·安南组织了一个文明对话小组，因为2001年是联合国的世界文明对话年。在这个小组里面，孔汉思，就是那位神学家，与我进行了长时间的协商，最后同意儒家所说的忠恕之道，就是"己所不欲，勿施于人"，应该作为人类文明对话的最基本的原则。这一点最后也成为了大家的共识，甚至可以说被作为金科玉律。在这之前，大家认为基督教所讲的"己所欲，施于人"是最基本的对话原则。比如说，基督教认为既然所有的人都是罪人，如果不分享福音的人，就很难进天堂，现在我得到了恩宠，我得到了福音，那么我就有责任、有义务把我的福音传达出去，和他人分享。但是假如你的对话伙伴得到的是另外一种福音，也强烈地希望向你传递他的福音，那二者就有矛盾，对话就困难重重。"己所不欲，勿施于人"这个消极原则，事实上我认为是最好的对话原则。我不应该强迫他人接受他不愿意接受的观念，而是应该在对话时保持自我反省和自我克制，真正理解别人的需要。当然犹太教也有类似的传统。之所以举这个例子，是说在大家的共同努力下，儒家的一些原则正在成为人类文明对话的最基本的原则，儒家的传统也正在赢得大家的理解和认同。另外再举一个例子，基督教的传统提倡博爱，有的时候到了很了不起的自我牺牲的地步，说人家打了你的左脸，你应该再伸出右脸。但孔子提倡"以直报怨，以德报德"，他认为如果我们"以德报怨"，那么"何以报德"呢？虽然儒家强调仁爱的德性，但不是忍让、屈从，在"仁"下面还包含有"义"、"礼"、"智"等德性，也就是说，在与他人的交往中，我们应该认识到基本的正义和节度。像上面这些讨论，大多涉及到现在所谓的"德性伦理"，儒家传统已经成为世界上讨论德性伦理不可或缺的一个思想资源。儒家的研究，在哲学界已经取得了很多突破点，慢慢地，突破点多了以后，儒学的影响就会日益扩大。最后我提一个振奋人心的近况。大家知道，世界哲学大会自从1900年在巴黎召开之后，就一直是哲学界的奥林匹克，但召开地点一直没

杜维明与日本著名哲学家沟口雄三游富士山

有离开欧洲。去年,第一次到首尔召开,也就是韩国的汉城,他们把儒家哲学、佛教哲学和道家哲学都列为他们讨论的重点。这个趋势将来会继续下去。最近我到莫斯科参加了一个学术会议,大家做了决定,下一届世界哲学大会在雅典召开,并且从此以后,中文将成为这个会议的官方语言之一。这实际上表明世界哲学界已经开始重视中国的思想传统,所以,将来我们传统文化发展的空间可能就更大了。谢谢。

范　曾:在南开大学,今年我竖了一块碑。我写的是:"讲信修睦,和衷共济。"这个只讲到一个方面,那么讲信,一定要有两方面,和衷共济,一定要有两方面。这是今天解决世界的问题的一个很重要的方面。这也是儒家思想的一个很重要的方面。我想儒家思想有很多要言不烦的、

格言式的经典语言。而这种经典语言都是能够使人容易听得懂而且容易去践行的。这一点我想今后还会有一些,比如忠恕等等。刚才杜先生讲的,一些格言式的都可以为世界各国人民耳熟能详。比如中国人说这样的道理,不是忽然拿本《圣经》给你,或者拿本朱熹的《四书集注》给你,因为我们还需要一个让他们走进微妙法门的方便法门,要使他们有一个比较容易接受而且简单可行、耳熟能详的一些东西。这是东方人……我想这个是可以做到的。

主持人:由于时间关系,我觉得两位老先生也比较辛苦,下面在座的还有一些北大哲学系、中文系和其他院系的学生,我们就给学生们一些机会,看看有什么问题可以向两位请教。

学生A:就问一个吧。两位先生怎么看待中医学和中医药文化的前景?

范　曾：最近有一位学者,何祚麻先生提出了中医好像是一种骗人术的观点。那这种骗人术竟能在几千年之内维护出这么一个巨大的民族,这个骗术就不是骗术。譬如讲,你说你对一个人好,一直好到他死,有人讲你这个好是虚伪的,你一直好到他死,你这个好就不是虚伪的,是不是?这个道理是一样的。中医它有很多的东西,可以讲是中国文化的精华,中医当然是经验主义的。它一号你的脉,寸关尺,你的脉象如何,倘你的脉象非常微弱,可是微弱之中,到底是寒还是热,在表还是在里。名医号这个脉和庸医号脉,判断天地之别。名医号对了下的药,一剂药下去,好了;庸医下去,虎狼之药,死了。中医既然是感悟的,它就很难传承。很难说明朝一个名医,一定比今天的中医差。还有中药、药材,现在是个严重的问题。过去有专门的行业,药农。到深山老林采药,非常有经验的一些人,几十年跑在山林中寻药,他们既有防止野兽毒虫药的护卫措施,又有发现最好的药的眼力。然后到一定季节,有药市,全国大药房都到这个大药市去买。现在呢,塑料棚里种,这种药没经过日月精英的陶融,没吸收风霜雨露的滋养,它怎么能成为一种好药材?它本身药性失去了,就宛如我们吃三个月长成的鸡一样,淡而无味。药如果到这个地步,那就是再好的中医,开出药方子都治不了什么病。所以这是个大问题,你刚才提到的,中医当然是哲学的,是感悟的、是辩证的。所以过去人讲,西医头痛医头、脚痛医脚,这是错误的。现在中西医都是辩证地看待医疗对象的,西医哪里是脚痛医脚、头痛医头啊。可是西医是一个可以传承的科学。药物是化学组成的,它不像神农氏去尝百草。化学元素是定量的,做出丸药。今天肯定比三百年前进步,三百年前的西医比今天三百年后的西医,差远了。中医

可不一定,宛如诗人一样,讲诗人一定要按进化论前进,那就大悖诗学的本义了。现在倘有一人写出杜甫的《秋兴八首》,我立刻磕下头拜师。有些东西是不太容易进步的,中国的有些学问,比如说中医,目前它遇到主客观很多的问题。可是,我们是不是丧失信心啊?不丧失信心。中国人多,总会有怪物出现。秦始皇焚书坑儒,《尚书》丢失了,到了汉代出个伏生,他把《尚书》给背出来了,这就是今文《尚书》。奇怪的人总会出现的。我们有些文化传承,不能限以时日,不知何时何地何人,忽然冒出来了。这个,我只可以这样回答你。

杜维明:我认为,中医的发展和中国哲学的发展是同步的。如果中国哲学有发展,中医的理论也可以获得比较坚实的基础;中医在实践上有发展,也可以协助中国哲学在理论上的说服力,这双方有很密切的关系。刚刚范先生谈到中医草药的品质,以及医学训练的规范,目前很令人担忧。日本、韩国所谓的"汉医",他们的规范性和从业的严谨程度远远高出中国的中医,这个我们必须自己反思、改

进,但是总体来说,我对中医理论的前景非常有信心。举一个例子,很久以前,哈佛有位博士生,现在已经是非常重要的学者了,叫Kuriyama(栗山茂久),我参加了他的博士论文答辩,他的论文写的是两种号脉的方式,一种是希腊的,一种是中国的,通过二者的比较,他发展出一种身体观。并且,他认为,建立在中医理论上的这种身体观与现在的人类学、宗教学、科学史研究成果有很多可以结合的地方。这一类的突破性研究,现在已经不少了。当然,中医在很多方面要增强自己的说服力,这还要大家一起来努力。

学生B:二位老师好,我是理工科的学生。我是本来在清华大学读书,后来去了美国加州大学读博士。我有两个小问题,一个就是我在学习数学的过程中被那种美深深地吸引了。不知道在儒学走向世界的过程中,中国在推动数学发展方面能做什么?第二问题是杜老师刚才提到了文化的多元性,但是我们是不是也应该关注人类精神文明的共通性。这是我的两个问题。谢谢。

杜维明：第一个问题我没有资格回答。第二个问题，我完全同意您的观点。文化多元是一个既有事实，而普世伦理是我们共同的追求目标，现在世界面临的问题更多的是多元的文化之间不能相互尊重、相互认同的问题。所以，首先我们要呼吁多元文化的价值，此外，我们还要始终关注普世伦理的问题，如果不考虑普世伦理，只考虑文化多样性，那我们会走向文化相对主义。相对主义其实对于人类文明的共同发展有很大的危害。

范　曾：我来回答你第一个问题，我的数学一定不可以和你比。可是有一个可以和你比的数学家陈省身，他曾经跟我是非常好的朋友。我经常对他提出很多极为幼稚的问题。我说你们数学家坐那儿，谁知道你们想的是什么啊。他说那我们就可以胡说八道，其实他是很幽默的回答。我说中国的算数术对世界是不是有意义，你的数学是不是根在中国的算数术？它说这个大体上没有关系。我觉得陈先生是一个很诚恳的人，他讲话不会随便。你谈到中国古典的学问，对你们数学家有没有用，我说绝对有用。为什么？因为杨振宁先生也是数学家，他当然是物理学家，他数学非常好。陈省身和杨振宁两位先生都非常喜欢作诗、写文章。上回郭长虹也给我整理了一篇我和丘成桐的对话。丘成桐到我家和我对话，在数学上我和他没什么可对谈的，我们谈诗歌。他说我研究数学，有时候感到困惑，看看中国的诗歌，心灵就油然而动。我想对这位年轻数学家是否有些启发。

主持人：时间不多了，我们来接受最后一个问题吧。

《陈省身与杨振宁》

学生C：两位先生好，我是北京大学哲学系研一的学生。范先生提到一个例子，我觉得很有兴趣。他说他在澳大利亚，他的孙子用外语，拿着垫子让爷爷坐，感到很温暖。我就想一个在外国生的孩子，然后用英语，他是表达对长辈的尊敬。我想这种孝的观念是否是一种人类基本的情感，都会有的这样一种心态。是东海、西海，此心同、此理同，这种感觉。如果说是儒家独有的，是不是会比较的狭隘。然后还有一个，当然两位先生都讲到一些基本的修养问题，讲到了变化气质，然后我觉得这个变化气质，应该是从比较坏的向好的方向变化，所以中国、西方，东方、西方都是有好有坏。如果只是说要让从西方变到中国，是不是也会像中国要向西方学习，形成这样比较偏执的情感。然后，范先生也对现代的一些年轻人的基本行为有一些批评，包括比如说老师和学生的这样一种比较亲密的关系，然后，像还有长辈和晚辈这样一种关系，我就想现在这样一种比较亲密的关系，是一种热情的表示。中国的传统，范先生讲到孝，

它是一种比较严肃的、比较敬畏的心态,我想这两种心态是否就像冯友兰先生曾经提到的,是一种花样的差异,而不是程度上的有好有坏。就是这样是否需要中国向西方学习,或者西方向中国学习这样一种……问一下两位先生。谢谢。

范　曾：他提出第一个问题是什么？

主持人：说您孙子,在澳大利亚然后用英文跟您对话,然后把垫子送给您。

范　曾：我上午讲了,他的妈妈教育好,这个还是有教育的问题。第二个问题,你说讲什么？你简略一点。你认为是讲,先仅仅是一个花样的问题,花样不同并不影响本质的尊敬。可是我想,我们这个儒教一个很重要的方面,就是礼是和仪结合在一起的,有礼仪,"十三经"内有《仪礼》么。这一定的思想情感是需要通过一定的仪式,哪怕是最简约的仪式表达出来。这种表达和不这样的表达,是不一样的。你比如讲,我见到杜先生,我绝不会在街上两个人搭着肩膀走的,不会的,绝对是很儒雅的。这个难道是一个表面吗?不是,它是一个内心的反映。就是刚才这位院长所谈到的内心的一种反映。我所讲到的,特别要强调的,就是为现实青少年所可行的一些礼仪,人们忘却的太多、太多。

杜维明:我回应一下您提到的向西方学习的问题。把西方当做参照,进行学习和对话,这是我自己多年来的亲身经历。我觉得对话的基本意义就是互相参照,互相学习。我的研究主要是要理解儒家的传统,不仅要了解儒家的社会伦理,也希望了解儒家的精神性和它在世界文明中的地位和重要性。在美国的这段时间,我接触了很多宗教学家,他们造诣都非常高,像前面提到的Hans Kung(孔汉思),我们已经有二十多年的交情,另外像Wilfred Cantwell Smith(史密斯),也和我是师友之间的关系。和他们交流,他们会从宗教学的视角提出我不曾重视的问题,所以他们对我有挑战,对这些挑战的回应让我对儒家传统中一些大家不曾重视而又非常重要的课题发生兴趣,并尽量把它们展现出来。所以我经常说我不是基督徒,但我一直是基督教神学的受惠者。我有很多从事儒学研究的同道问我是不是被基督教化了,我觉得这种提问的方式表明他没有理解文化交流的实质。我认为,交流一定要是开放的心灵之间的对话。别人的观点,在很多地方远远比你的观点高明,你就要接受,甚至如果你的一些基本信念值得怀疑,你也必须修正它。同时,交流也一定是双向的过程,别人促使你改变的同时,你对他也会有一些影响力。比如说,最近的一位神学家,叫做卡夫姆,他讲基督教的创造力的问题,他不相信三位一体,他把上帝当作一种创造力,这个看法跟儒家讲的"天"有些接近。我们的沟通非常好,后来我问他,虽然你是从基督教形成来理解的,但你的观点好像比儒家还要儒家了。他说,我老早就这样觉得,现在你说出来了,我的确是一个儒家似的基督徒。所以,我认为,双方只要敞开心灵,放弃人为的成见,就可能开始对话,开始相互理解和相互认同。这样的工作是需要我们大家一起来努力的。

主持人: 好,今天我们听到杜先生和范先生关于儒学的对话,不仅可以收获人生的智慧,其实对我们的心灵也是一种清润。在多元文化的当今世界,当中国文化的影响力越来越扩大、越来越走向世界的时候,儒学所倡导的人与自身、人与人,还有人与自然、人与社会、国家和国家和谐共处的这些道理,也是对当今人类文明的一种贡献。让我们再次感谢两位先生。也谢谢您的参与,再见!

编后记

学人相聚,如坐春风

2009年12月10—11日,哈佛大学教授、北京大学高等人文研究院院长杜维明先生与联合国教科文组织"多元文化特别顾问"、当代著名书画家、诗人范曾先生携手登临北京大学百周年纪念讲堂,就"天与人——儒学走向世界的前瞻"这一主题展开了三次对话,系统探讨了儒学在当代世界的价值与意义。本次活动由北京大学和北京电视台联合主办。

北京大学校长周其凤院士致开幕辞,中国人民大学校长纪宝成教授、南开大学常务副校长陈洪教授、南通大学副校长周建忠教授莅临并高度评价,楼宇烈、万俊人、陈来、刘东、董强等北京大学、清华大学、南开大学近百名著名学者教授出席,北京大学、南开大学近千名学生同堂聆听,并积极参与了该主题的探讨。北京电视台《中华文明大讲堂》摄制组全程录制整个对话过程,并于2010年2月8日至2月12日每天上午11点,在北京卫视频道连续播放《天与人——儒学走向世界的前瞻》的国学巅峰对话。对话引起了知识界和观众的普遍关注,应广大观众的强烈要求,北京卫视又进行了重播。《北京大学学报》于2010年第2期以"本刊特稿"栏目头篇发表了杜维明与范曾先生的首次对话;中央党校《学习时报》以"范曾与新儒学代表杜维明对话'中国艺术精神'"为标题,发表两位先生对话的精彩片段,很多媒体纷纷转载,一时间"儒学走向世界"成为媒体关注的焦点,人们盛赞这场对话是一场大儒的对话、是一场文化的盛会、是一场精美的思想盛宴;通过两位先生的对话,使我们能"望孔子之门墙",进而登堂入室,观瞻儒学"宫阙之美";真乃重赴杏坛,如坐春风。

学界高度关注这次高层次对话,有学者评论道:杜维明、范曾先生"和而不同"的对话展现了儒家从孔夫子到王阳明思想的发展历程,展示了中国形上学博大辉煌的传统,从历史的迷雾中走向光明,从学术的崇山峻岭探求世界的走向。既有"来吾导夫先路"的睿智,又有质朴谦逊的学术态度,五色斑斓令人目不暇接,单纯清华使人心境豁朗。谈锋涉及东西方哲学大师,不欲分其轩轾,而为掇其菁华;哲人的遐思与诗意的裁判:落霞孤鹜齐飞,历史的胜迹与当下的现实:秋水长天一色。大哉,其论也!

对话整理成书出版,得到了北京大学和北京电视台的大力支持,北京大学出版社为本书的出版倾注了大量人力和物力,王明舟社长、高秀芹编审鼎力支持,录音的文字整理工作由清华大学博士生陶涛、北京大学博士生龙鑫共同承担,杜维明、范曾先生审阅了大部分的文字,程郁缀、万俊人、肖勤福等教授审阅部分文字并使文本臻善,在此一并致谢!

薛晓源

于2010年5月31日

图书在版编目（CIP）数据

天与人：儒学走向世界的前瞻·杜维明范曾对话／杜维明，范曾著.—北京：北京大学出版社，2010.9
（《中华文明大讲堂》系列丛书）
ISBN 978-7-301-17534-7

Ⅰ.①天… Ⅱ.①杜…②范… Ⅲ.①儒家－研究 Ⅳ.①B222.05

中国版本图书馆CIP数据核字（2010）第135008号

书　　　名	天与人——儒学走向世界的前瞻　杜维明　范曾　对话
著作责任者	杜维明　范　曾
编　　　者	薛晓源
责任编辑	梁　勇
装帧设计	海　洋
设计制作	北京锦绣东方图文设计有限公司
标准书号	ISBN 978-7-301-17534-7/B·0914
出版发行	北京大学出版社
地　　　址	北京市海淀区成府路205号　100871
网　　　址	http://www.pup.cn　电子信箱：pw@pup.pku.edu.cn
电　　　话	邮购部 62752015　发行部 62750672　编辑部 62750883　出版部 62754962
印　刷　者	北京雅昌彩色印刷有限公司
经 销 者	新华书店
	787mm×1092mm　　16开本　　14印张　　156千字
	2010年9月第1版　　2011年3月第2次印刷
定　　价	65.00元

未经许可，不得以任何方式复制或抄袭本书之部分或全部内容。
版权所有，侵权必究　　举报电话：010-62752024
　　　　　　　　　　　电子信箱：fd@pup.pku.edu.cn